존재가 존재에 이르는 길

존재가 존재에
이르는 길

고병헌 지음

드림북스

존재가 존재에 이르는 길

개정판 1쇄 발행 2025년 10월 21일

지은이 고병헌
펴낸이 조일동
펴낸곳 드레북스

출판등록 제2025-000023호
주소 서울시 은평구 통일로 630 래미안 베리힐즈 203동 1102호
전화 02-356-0554 **팩스** 02-356-0552
이메일 drebooks@naver.com
인스타그램 @drebooks

인쇄 (주)프린탑
배본 최강물류

ISBN 979-11-93946-56-5 03300

이 책 제목을 지어주고 떠난 우리 딸 재영이에게

네 몸의 고통을 품어준 바다를 보면 고맙고,
네 영혼을 품어준 하늘을 보면 설렌다.
재영아, 우리, 천국에서 꼭 다시 만나자.

It's grateful to see the sea embracing your pain.
It's joyful to see the sky embracing your soul.
Jae Young, see you in Heaven.

들어가는 글

교육에는 두 가지 유형의 문제가 있는데, 하나는 원인이 되어 다른 다양한 문제를 파생시키는 유형이고, 또 다른 하나는 어떤 원인에서 비롯해서 결과로 나타나는 유형입니다. 물론 이 두 유형의 문제가 분명하게 구별되지 않는 경우가 더 많습니다. 결과로 나타난 문제가 여러 단계를 거치면서 그다음 단계의 원인으로 작용하기도 하고, 원인이었던 문제가 나중에는 훨씬 더 심각한 결과로 경험되기도 하기 때문입니다.

우리 교육이 왜 이렇게 문제가 많은지 하는 질문에 입시제도를 근본 원인으로 꼽는 사람이 참 많습니다. 하지만 우리가 경험하는 현행 한국 교육의 문제는 결과로 나타난 것이지 원인으로서의 문제가 아닙니다. 그러면 한국 교육이 안고 있는 문제의 본질은 무엇일까요? '무(無)철학'과 '교육적 상상력'의 부재로 인해 지금과 다른 교육을 생각해내는 힘이 거의 없다는 것이 아닐까 싶습니다.

이처럼 교육을 바라보는 시선, 관점, 철학의 부재 상태에서는 교육을 혁신하는 노력이 대개 교육하는 방법이나 교육 내용, 교육과정을 바꾸는 데 치중하는 경향을 띱니다. '혁신교육운동'이라는 이름으로 진행되었던 교육 혁신 노력이, 그리고 그 이전의 '대안교육운동'이 그랬으며, 앞으로 전개될 교육 개혁 노력 또한 지금까지와 크게 다르지 않을 것 같습니다.

교육 내용이나 교육과정, 교육 방법의 개혁을 통해 교육을 혁신할 수 있다는 기대는 기본적으로 '인간의 행동은 지식의 축적과 학습을 통해 변화시킬 수 있다'라는 가정에 근거한다고 볼 수 있습니다. 하지만 이런 가정은 현실 세계에서 전혀 검증되지 않은 가설일 뿐입니다. 각자의 경험을 돌이켜보면, 뭔가를 안다고 해서 아는 대로 살아지던가요? 좋은 삶을 위한 교육은 가르치는 사람 '앞'이 아니라 '뒤'에서, 교실 안에서뿐만 아니라 교실 밖에서도, 가르치는 내용보다는 가르치는 사람이 삶 속에서 보여주는 언행을 통해 실현됩니다. 그러기에 교육이 바로 서기 위해서는 가르치는 대로, 말한 대로 살아가는 '사람'이 전제되어야 합니다. 이 책의 세 가지 주제가 사람, 삶, 교육인 것도 바로 이런 이유에서입니다.

일반적으로 아이들은 교사나 부모가 보여주는 삶 이상으로 사는 것이 쉽지 않습니다. 보여준 적이 없으니 배울 기회도 없었을 테지요. 그런데 이 말은, 아이들이 겪는 '세상'이며 매일매일 경험하는 '현실' 그 자체인 교사와 부모의 삶이 성장하는 것은 아이의 삶이 성장할 가능성을 그만큼 크게 만든다는 것을 의미하기도 합니다. 지금 여러분이 내딛는 한 걸음이 우리 아이들이 걸어갈 길이 되며, 여러분의 한 뼘만큼의 정신적·영적 성장이 우리 아이들에게는 그만큼 넓어진 세상이 되는 것입니다. 그러니 누군가를 가르치는 위치에 있는 사람은 모름지기 '지금, 이 순간'의 자기 삶에 최선을 다해야 합니다.

여러분은 '지금, 이 순간'의 삶을 나 대신 다른 누군가가 그어 놓은 선을 따라 살고 있지는 않으신가요? 지금까지 해보지 않은 생각을 하기 위해, 걸어보지 않은 삶의 길에 첫발을 내딛기 위해 여러분은 지금 어떤 노력을 하고 있습니까? 세상과 실존적 삶이 여러분에게 던지는 중요한 질문을 포착해내고 그에 대한 답을 찾으려는 외롭고도 힘든 '안간힘'을 공부, 배움이라고 한다면, 여러분에게 배우려는 사람보다 여러분이 먼저 앞서서 그 삶을 배우고 체험해야 합니다.

이 책은 이번 생애에서 제가 살아가는 '자기 이유'를 찾고, 그 과정에서 정신적·영적 성장을 위해 노력하며 깨달은 성찰의 기록으로, 여러분과도 나눌 만한 가치가 조금은 담겨 있길 진심으로 바랍니다.

CONTENTS

1장

교육은

어디에

서야 할까

특수학교라면 당연히
환영합니다

스코틀랜드의 옛 수도 글래스고에 헤이즐우드라는 장애인 학교가 있습니다. 2007년, 학교를 설립할 당시 이 지역의 시 의회는 건축가를 공모했는데, 시내 고급 호텔을 짓고 건축상 까지 받은 유명 건축가 앨런 던롭이 선정되었습니다. 설계 과 정에서 그는 학교의 주인공이 될 장애아들의 의견을 듣는 데 1년 반의 시간을 들였는데, 학교 설계도에 반영하기 위함이었 다고 합니다.

그런데 이보다 더 놀랍고 부러운 이야기가 있습니다. 학교 가 들어설 때 처음에는 주민들이 반대했는데, 특수학교가 아 니라 일반 학교가 들어선다는 소문이 돌았기 때문입니다. 주 민들은 학교가 들어설 부지 바로 옆에 큰 도로가 있어 등하굣 길이 위험할 것으로 생각했고, 또 아이들이 휴식 시간에 근처를 오가면서 조용한 마을을 시끄럽게 할까 봐 걱정도 했다는 합니다. 그런데 들어설 학교가 특수학교라는 사실이 전해지자 반대는 이내 곧 수그러들었습니다. 장애인 학교나 관련 시설이 들어선다는 소식을 들릴 때마다 주민들의 반대가 일곤 하는 한국 사회와는 무척 다른 모습인데, 도대체 무엇이 이런 차이를 만들었을까요?

'히든커리큘럼(hidden curriculum)'이라는 말이 있습니다. 매우 오래전 대학에 다닐 때 교직 수업에서 '잠재적 교육과정'이라고 번역해서 배웠으며, 한국 교육계에서는 지금도 그렇게 번역해 쓰는 상황이지요. '잠재적(潛在的)'은 국어사전에는 '겉으로 드러나지 않고 숨은 상태로 존재한다'라는 뜻으로 풀이되어 있습니다. 잠재적 능력이나 잠재적 가능성이라고 하면 어떤 가능성이나 능력이 분명 존재는 하지만 아직 뚜렷하게 발현되지 않았다는 뉘앙스를 담고 있습니다.

그런데 히든커리큘럼 중 '히든'을 '잠재되어 있거나 숨어 있는 상태'로만 번역하면 중요한 핵심을 비껴간 느낌입니다. 카드놀이를 해본 적 있으신가요? 히든카드는 놀이 중에 나머지 사람들이 알아채지 못한다는 점에서 '겉으로 드러나지 않고 숨은 상태로 존재'한다고 말해도 상관없지만, 절호의 기회가 오면 판세를 뒤바꿀 정도의 큰 힘을 발휘하면서 자신의 존재 감을 뚜렷하게 드러낸다는 뜻까지 담기에는 '잠재적'이라는 표현은 분명히 한계가 있다고 생각합니다. 히든카드는 그저 무기력하게 '잠재적' 상태에만 머물러 있는 것이 아니라 일시 적으로 잠깐 '잠복'해 있다가 결정적인 기회를 만나면 자신이 가진 엄청난 힘을 여지없이 발휘합니다.

그리고 이와 같은 맥락에서 히든커리큘럼을 잠재적 교육 과정이 아니라 '잠복적 교육과정'으로 번역하는 것이 훨씬 더 적절하고 합리적이라고 생각합니다. 사회적 관습이나 규범, 종교나 신앙 교리, 국가 교육 이념이나 학교 교칙, 가정교육, 심지어 개인적 차원에서의 습관화된 언행에 '잠복'해서 '때를 만나면' 혹은 '필요한 때' 우리의 생각이나 행동을 규정하는 강력한 힘을 가진 것이 바로 히든커리큘럼, 즉 '잠복적 교육 과정'입니다.

일반적으로 잠복적 교육과정에는 그 사회의 주류적 세계 관과 가치관이 곳곳에 짙게 스며 있습니다. 그중에서도 특히 그 사회 특권층의 관념 혹은 지배 이념이 짙게 배어 있습니 다. 그리고 이런 맥락에서 잠복적 교육과정을 사회학적 용어 로 '지배 이데올로기'라고 표현하기도 합니다. 물론 잠복적 교 육과정 그 자체만으로는 좋다 나쁘다 말할 수 없는 경우가 많습니다. 중요한 것은 그 안에 배어 있는 가치관이 사람들에게 어떤 존재로 살아가라고 하는지, 인간다운 삶을 중히 여기는지, 그렇다면 어떤 요소가 좋은 삶을 만든다고 말하는지를 잘 살피는 것입니다.

조금 손해 보더라도
좋은 삶 살기

잠복적 교육과정이 사람들의 생각과 행동과 삶에 어떤 경로로 영향을 미칠까요? 그 주요 경로 중 하나가 상업 광고입니다. "2등은 기억하지 않는다"라는 상업 광고로 한때 한국 사회가 심하게 홍역을 치른 적이 있었습니다. 이를 비롯해 "1% 안에 든 당신, 당신의 능력을 보여주세요", "당신이 사는 곳이 당신의 품격을 말합니다", "부자 되세요", "부자 아빠 되세요", 심지어 오랜만에 친구가 만났는데 한 친구가 그동안 어떻게 지냈느냐 묻자 자기가 타고 다니는 자가용을 보여주는 것으로 대답을 대신했다는 식의 상업 광고가 봇물 터지듯 쏟아졌습니다.

가족을 위해 밤낮없이 능력 이상으로 최선을 다하는 부모들을 사회가 온 마음으로 격려하고 지원해도 모자랄 판에 '좋은 부모'가 되라는 것도 아니고 '부자 아빠'가 되라고 훈계하는 사회. 사람이 사람에게 쓰는 말에는 최소한의 예의가 있어야 하는데, 그 사람의 인격이나 사람됨이 아니라 물질적 가치가 그 사람의 품격이라고 말하는 사회. 한국 사회가 도대체 어디서부터 어긋난 것일까요? 이처럼 비인간적인 광고가 범람하는데도 인간다운 삶, 행복한 삶, 좋은 삶을 가르치는 교육계나 종교계는 왜 이런 상업 광고에 대해 아무런 문제도 제기하지 않는 걸까요? 한국 사회가 이런 세상이 된 데는 대체 어디서부터 잘못된 것일까요?

프랑스 파리의 택시 운전사로 알려졌고, 한국의 장발장은행 은행장도 역임한 홍세화. 그는 일본 제국주의에 맞서 싸운 김학철 선생님의 "편하게 살려거든 불의를 외면하라! 인간답게 살려거든 그에 맞서라!"라는 유언을 인용하면서, 지금 우리가 사는 세상은 편하게 살기와 인간답게 살기가 정면으로 충돌해서, 이 두 삶 사이의 황금분할 가능성이 전혀 없는, 정의롭지 못한 세상이라고 진단한 적이 있습니다. 아프지만 적확한 분석이라고 생각합니다.

'조금 손해 보더라도 착하게 살기'가 힘든 사회에서는 왜곡되고 편향된 시각이 기승을 부리기 마련입니다. 의식주는 사람이 사는 이유나 목적이 아니라 살아가기 위한 수단이어야 마땅합니다. 그런데도 한국 사회에서 유통되는 것 중 적지 않은 상업 광고가 사람의 존재감은 각자가 누리는 의식주의 시장가치와 화폐가치로 평가받는다고 밤낮으로 엄포 놓습니다. 이런 상황에서 어떻게 편안한 삶과 인간다운 삶 사이의 균형 잡기가 쉬울 수 있으며, 일과 삶의 균형 잡기(워라밸)가 어떻게 가능할 수 있겠습니까?

특수학교 설립을 두고 스코틀랜드와 한국 사회는 완전히 다른 모습을 보였습니다. 이는 사람이 사람을 어떻게 대하는 것이 사람의 품격에 어울리는지, 좋은 삶을 구성하는 중요한 요소가 무엇인지를 바라보는 두 사회의 시각 차이를 여실히 보여줍니다. 예전에, 서울 어느 지역에서 특수학교가 들어서는 것을 반대하는 주민들 앞에 장애아의 부모가 눈물을 흘리며 두 번씩이나 무릎을 꿇고 애원한 장면을 TV 뉴스로 지켜봐야 했던 가슴 저미는 기억이 있습니다. 한국 사회에서 서로의 인간다움을 존중하며 살아가는 것이 저토록 어려워야만 하는지 너무나 안타깝고 부끄러운 순간이었습니다.

일당 5만 원과 5억 원의
차이

'집중무권(執中無權)'이라는 사자성어가 있습니다. 여기서 '권'은 권력이 아니라 저울의 균형 잡는 추(錘)를 말합니다. 집중무권은 중심을 잡으면 굳이 균형 잡는 추가 필요하지 않다고 풀이하기도 하고, 중간에 선다고 해서 그것이 곧 균형을 잡았다는 뜻은 아니다로 해석하기도 합니다.

일반적으로 사람들은 법은 보편적인 원칙에 기초하며, 만인은 법 앞에 평등할 것이라는 생각 혹은 믿음을 갖고 있습니다. 그런데 좌고우면지 않고 오로지 법에 따라 판결한다는 '법대로'는 궁극적으로 제정된 법 테두리 안에서 작동하는 것일 뿐, '사람과 세상, 그리고 인간다운 삶에 관한 인류의 보편적 관점에 따라 판결한다'라는 뜻이 아닐 수 있다는 사실을 안타깝게도 한국 사회에서는 참으로 끊임없이 경험하고 있습니다.

한때 '황제 노역'으로 사회적으로 크게 물의가 일어난 적이 있었습니다. 벌금을 내야 할 사람이 내지 않거나 내지 못하면 법원은 구치소에 신체 구금을 명령할 수 있습니다. 이는 벌금 대신 구치소에 가둬 일당 얼마씩 벌금을 감하는 제도로, 하루 탕감액은 판사의 재량이라 사안에 따라 차이가 날 수 있습니다. 그런데 탕감액이 달라도 적당한 수준이어야 수긍할 텐데, 당시 '일반 사람'은 구치소 수감 하루 탕감액이 평균 5만 원일 때 '그 사람'에게는 하루 5억 원씩 탕감하는 판결이 나와 당시 상식적인 수많은 이들이 사법부에 크게 배신감을 느끼고 허탈해한 사건이었습니다.

여기서 생각해봅시다. 택배 노동자의 노동 강도는 이미 잘 알려진 대로 살인적임에도 배달 한 건당 수익이 사건이 발생했던 당시에 천 원 정도였다고 합니다. 그래서 시간이 생명이고 초치기로 뛰어다니다 보면 시동을 끄지 않은 채 잠시 주차해 놓고 몇 집을 도는 경우가 생길 수밖에 없습니다. 그리고 그새 불법 주차로 딱지가 떼였다면?

앞에서 언급한 '일반 사람' 중에는 고의로 벌금을 내지 않은 사람도 분명히 있었겠지만, 대상자 중에서 적지 않은 이들이 이런 택배 노동자와 같은 처지일 것입니다. 하루 노동 수입이 매우 적어 벌금을 낼 돈도 없었겠지만, 벌금 낼 돈이 있더라도 벌금을 낼 짬도 없이 정신없이 바쁘게 살아갈 수밖에 없는 상황이 아닐까 싶습니다.

불법 주차 벌금액이 처음에는 적은 액수였겠지만, 내지 못한 벌금이 쌓여 수백만 원까지 불어나는 것은 순식간입니다. 그리고 상황이 여기에까지 내몰리면, 그렇게 불어난 벌금을 내지 않으면 일을 할 수 없고, 벌금을 내자니 너무 커져 어쩔 수 없이 몸으로 때울 수밖에 없는 상황에 이릅니다. 그래서 그 수많은 '일반 사람'은 먹고살기 위해 계속 일하기를 원하고, 일하기 위해서는 벌금을 내야 하는데 낼 돈이 없는 다람쥐 쳇바퀴 도는 상황이 반복됩니다.

그런데 이 '다람쥐 쳇바퀴 도는 현실'에 처한 '일반 사람' 중에는 이런 모순적 상황을 벗어나기 위해 구치소에서 한 달 때우고 나머지 벌금을 내는 '중간 방식'을 택하는 사람이 많이 있다고 합니다. 그리고 이렇듯 몸으로, 벌금으로 때우는 동안 가족 생계는 '법대로'에서는 고려 사항이 아닙니다. 반면에 돈이 많은 '그 사람'은 구치소 생활 한 달이면 150억 원을 챙깁니다. 이런 어처구니없는 상황을 당하지도 않은 저 자신도 단지 글을 쓰는 것만으로도 기운이 빠지는데, 당사자인 '일반 사람'

이 겪은 자괴심이 어땠을지는 도저히 가늠할 수가 없습니다.

'돈이 있으면 무죄, 돈이 없으면 유죄'라는 '유전무죄 무전유죄'가 한국 사회에서 끊이지 않고 있습니다. '황제 노역'과 본질이 전혀 다르지 않은 수많은 '유전무죄 무전유죄' 사건들이 사람들의 마음을 무너뜨리고 삶의 의욕을 꺾어버리는데, 이는 사건의 황당하고 기막힘이 아니라 그것이 합법적이기에 속수무책으로 계속 당할 수밖에 없는 현실에서 오는 무기력감 때문이라고 믿습니다.

한국 사회라는 '운동장'이 기울어지는 것은 합법적인 '황제 노역'과 같은 '유전무죄 무전유죄 사건들'이지 결코 '불법적인 사건들'이 아닙니다. 불법적인 것들은 '법대로'만 처리해도 얼마든지 제재할 수 있기 때문입니다. 그래서 문제의 핵심은 그것이 불법적인가 합법적인가가 아닙니다. 일반 사람의 보편적인 상식에서 매우 어긋나고 황당한 일이 '합법'이라는 권위를 등에 업고 벌어질 때가 문제로, 그런 상황이 반복되면서 운동장은 점점 기울어졌습니다.

언제까지 기울게
내버려둘 것인가

'법대로' 한 판결에는 도대체 누가 그 사회를 그렇게 기울게 했는지, 얼마나 심하게 기울어졌는지, 그렇게 심하게 기울어진 운동장에서 위협받는 '좋은 삶'의 가치문제는 무엇인지 등은 고려되지 않습니다. 물론 결과적으로 혹은 간접적으로 인간적 가치를 지키고 옹호하는 보루 역할도 하지만 말입니다.

그러면 종교는 어떨까요? 우선, 종교는 사람과 세상에 보편적인 관점을 가지고 있으리라는 것이 일반적인 기대입니다. 하지만 세계 종교의 역사에서도 그랬지만, 특히 한국 사회에서는 이런 기대와는 매우 어긋나는 모습을 자주 목격했습니다. 예나 지금이나 자기가 믿는 교리와 조금만 달라도 분쟁과 다툼이 끊이지 않았으며, 심지어 상대방을 전쟁과 학살의 대상으로 삼기도 했고, 이는 같은 교리를 믿는 사람들 사이에서도 별반 다르지 않은 게 현실입니다. 종파의 차이를 넘어 종교 간 소통과 화합을 위한 종교인의 소중한 노력이 꾸준하게 이어지고 있어서 그나마 다행이라고나 할까요.

그러면 사회적 공익을 추구하는 비영리 시민사회단체라면 다를까요? 대개 설립 취지문에 기관이나 단체의 활동을 통해 실현하려는 세상적·인간적 가치가 서술되어 있는데, 이 점에서는 정치 조직이나 기업과는 분명 다른 면이 있다고 생각합니다. 하지만 세상과 인간의 삶에 관한 시선이나 관점이 보편적이지 않다면 그 조직의 명칭이 '종교'이든 '시민사회'이든 사회적 차원에서는 크게 다를 게 없다고 볼 수 있습니다. 예를 들어 공공복지, 공동체적 삶 등과 같은 용어를 같이 써도 기관과 단체에 따라 그 용어 속에 담긴 개념을 서로 다르게 해석하면서 활동 내용이 달라집니다. 심지어 같은 목표를 표방하고 있음에도 서로 갈등을 빚는 경우를 종종 목격합니다.

여기서 보편성은 옳고 다양성은 문제 있다는 식의 퇴행적 흑백논리를 펼치려는 게 아님을 분명히 밝힐 필요가 있습니다. 오히려 그 사회의 정치 조직이나 시민사회단체의 사람과 세상을 보는 관점이 다양할수록 시민의 삶은 그만큼 풍요롭고 활기찰 가능성이 크다는 사실을 우리는 잘 알고 있습니다.

보편성을 품은
다양함

그러면 종교나 시민사회단체와 다르게, 교육만은 사람과 세상에 관한 보편적 관점에 서 왔다고 봐도 괜찮은 걸까요? 결론부터 말씀드리면, '섰다' 대신 '서야 한다'라고 해야 적합한 표현일 것입니다.

사람은 어떤 한 가지 특성으로 설명할 수 없는 존재이며, 따라서 아무리 노력해도 '이것이 바로 온전한 인간 모습'이라고 설명하는 것은 가능하지도 않을 뿐만 아니라 바람직하지도 않습니다. 그렇다고 그런 노력 없이 교육하겠다는 말 또한 공허하고 무책임합니다.

여기서 확실히 해두고 싶은 것이 있습니다. 방금 앞에서 했던 말이 '사람에 관한 온전한 이해 없이 교육은 가능하지 않다'라는 뜻으로 곡해되지 않아야 한다는 사실입니다. 더구나 이 자리에서 교육학의 학문적 정체성을 논하고 싶은 마음도 전혀 없습니다. 단지 가르치고 배우는 행위가 일어나는 모든 과정에서 불가해한 존재로서의 사람을 온전하게 이해하려는 노력을 한시도 멈춰서는 안 된다는 말씀을 꼭 드리고 싶을 뿐입니다.

모든 사람은 어제와 오늘이, 아침과 저녁이 달라지는, 한순간도 멈춤 없이 변화하고, 또 변화하는 생명체입니다. 사실 이는 사람에게만 해당하는 사실이 아닙니다. 올해 우리가 경험한 봄(spring)은 이 세상이 생겨난 이후 인류가 처음 맞이한 봄일 테고, 지금 이 글을 읽고 계신 여러분과 제가 만나고 있는 '지금, 이 시간'은 우리 각자가 경험하는 '최초의 순간'입니다. 사람은 물론 비인간의 모든 생명체나 비생명체 무엇이든 매 순간 변화하기 때문에 어느 것도 방금 전 자기와 같을 수가 없기 때문입니다.

이런 맥락에서, 좋은 삶을 위한 교육에서는 특정한 상황에서 표출된 어떤 한 특성을 그 사람의 전체로 단정하거나, 거꾸로 특정한 상황에 사람을 맞추는 실수를 하지 않는 것이 중요합니다. 그 사람이 어떤 유형인가를 판단하고 선별하면서, 특별한 영역에서의 기능적인 인간을 길러내는 작업으로 교육의 기능을 축소해서는 안 됩니다.

좋은 인간을 길러내고자 하는 교육은 '결과'보다는 '과정'이 더 중요하며, 상황 제약적인 속성을 지닐 수밖에 없습니다. 여기서 '상황 제약적 속성을 지닌다'라는 말은 교육이 길러내는 인간상은 속성상 그 시대 상황이 요구하는 능력을 갖춘 인재상이 일정 정도 반영될 수밖에 없다는 말로 바꿔 표현할 수 있습니다.

어느 시대든 사회의 여러 부문 영역에서 벌어지는 변화의 성격과 양상을 결정하는 영향력은 주로 그 시대의 과학기술 발전의 내용과 방향 및 속도라고 볼 수 있습니다. 그래서 과학기술의 발전 방향을 예측하는 힘이 모자라면 그만큼 시대에 뒤떨어질 확률이 높아지고, 정확하게 예측했어도 과학기술의 변화 속도에 대응하는 속도가 뒤처지면 사회 부문 영역이든 기관이든 결국 시대 변화에 밀려납니다. 이는 세계적으로 놀라운 성공 신화를 쓴 기업들은 하나같이 정확한 미래 예측(특히 과학기술 발전이라는 측면에서)과 경쟁 관계에 있는 기업보다 한발 빠르게 대응했다는 공통된 사실로도 증명됩니다.

당연한 말이지만, 누가 시장을 선점하는가가 기업의 사활을 가릅니다. 그런데 시장을 선점하든 개척(블루오션)하든 그러려면 당연히 기업은 그 기술 영역에서의 최고 수준의 인재를 선발하거나 영입하는 데 사활이 걸립니다.

'기업 하기 좋은 사회'를 표방하는 한국 기업들. 그런데 저는 이런 말을 하는 기업들을 비판할 마음이 전혀 없습니다. 기업 편을 들어서가 아니라, 불법이나 편법을 자행하지 않는다는 전제라면, 기업가가 기업 하기 좋은 환경을 바라는 것은 매우 자연스럽다는 생각에서입니다. 문제는 교육계나 종교계가 각자의 사회적 역할을 제대로 잘하지 못한 것이겠지요.

이처럼 기업과 교육계 사이의 역학 관계가 한쪽으로 심하게 기운 상황에서는 기업이 원하는 것이 아무런 가감 없이 교육의 비전으로, 기업이 필요로 하는 인재상이 그대로 학교 교육이 길러낼 인간상으로 되어버리는 상황이 벌어진 것입니다. 거칠게 정리하면, 한국에서는 과학기술의 발전이 기업에 필요한 인재상의 특성을 결정했고, 기업의 인재상이 달라질 때마다 한국 교육의 방향이 그에 맞춰지는 메커니즘이 이런 과정을 거쳐 형성된 것입니다. 그리고 이런 성격의 메커니즘이 지속해서 작동하면, 기업의 인재상과 교육의 인간상 사이에 환원주의적 오류가 발생하면서 교육은 교육으로서의 존재 이유를 상실한 채 학교는 '직업훈련소'로 전락해버리는 문제가 발생합니다.

한국 교육계에서는 한때 교육부를 교육인적자원부로 명칭을 바꾼 적이 있습니다. 사람을 '인적 자본(human capital)'으로 생각하는 기업의 관점이 한국 교육이 '인간'을 바라보는 관점에 강하게 영향을 미친 결과입니다. 인간을 '인적 자원(human resource)'이라고 하는 같은 개념으로, '자본'을 '자원'으로 같은 개념을 단어 하나만 바꾼 것입니다. 안타깝지만 현재도 한국 교육은 기업이 원하는 미래 인재상을 길러내자는 관점에서 크게 벗어나지 못하고 있습니다.

마디가 생겨야
온전히 자라듯

물론 교육의 방향과 역할을 정립하는 데 있어서 사회의 여타 부문 영역과 서로 소통하며 영향을 주고받는 것은 당연할 뿐만 아니라 당연히 그렇게 해야 한다고 생각합니다. 하지만 어느 한 영역이 독보적으로 다른 영역을 지배하듯 제약하는 상황이라면 전혀 다른 말이 됩니다.

교육은 모름지기 인간에 관한 보편적 관점에 서야 한다고 믿습니다. 교육이 길러내는 인간상을 기업의 인재상으로 환원시키는 오류를 피하려면, 교육하는 과정 내내 전인적이고 온전하게 성장 가능한 존재로서의 인간에 관한 보편적 관점에 서기 위해 매 순간 깨어 있어야 합니다. 그래야 '교육은 상황 제약적 속성을 지닌다'와 '교육은 인간에 관한 보편적 관점에 서야 한다'라는 두 가지 모순적 명제가 변증법적으로 서로를 보완하고 발전시키면서 한국 교육이 비로소 '교육의 길'을 잃지 않을 수 있을 테니까요.

그렇다면 인간의 삶은 교육을 통해 어떻게 성장할까요? 우리가 무엇인가를 배우는 행위를 표현할 때나 그 과정을 거쳐 획득한 그 '무엇'을 일컬을 때 '앎'이라는 표현을 씁니다. 어떤 경우든 앎은 그 앎의 행위에 참여하는 사람의 삶과 연결될 수 있을 때 비로소 교육적 의미를 띠며, 그 사람의 삶의 성장을 통해 앎은 자기 존재 이유를 실현합니다.

우리는 흔히 삶을 대나무에 비유하기도 하고, 나침판으로 설명하기도 한다. 미끈한 대나무 줄기가 자라려면 울퉁불퉁한 마디를 만드는 시간을 견뎌야 하고, 나침판의 바늘은 진동의 시간을 버텨야 방향을 가리킬 수 있다는 점에서 그렇습니다. 바늘의 떨림 없이 나침판은 제 기능을 할 수 없으며, 마디가 생기지 않으면 대나무가 자라날 수 없듯이 사람도 살아가는 동안 수많은 '깨짐-깨우침'을 과정을 겪으며 성장합니다. 앎이 바로 이 '깨짐-깨우침'의 선순환적 반복 과정에 개입하면서 우리의 삶을 성장시킵니다. 그리고 굳이 구별하자면, 삶의 성장에 도움을 주는 깨달음은 여러 가지 상황이 좋거나 일이 잘 풀려나갈 때보다는 지쳐 주저앉고 싶을 때, 외롭고 힘든 순간을 안간힘을 쓰고 버텨나갈 때 얻었던 것 같습니다. 제게는 그랬는데, 슈테판 츠바이크의 《어두울 때야 보이는 것들이 있습니다》라는 책에도 이런 구절이 있습니다.

우리는 밝은 대낮에 별을 보지 못하듯,
삶의 신성한 가치가 살아 있을 때는 그것을 망각하고,
삶이 평온할 때는 삶의 가치에 크게 관심을 두지 않습니다.
영원한 별들이 얼마나 찬란하게 하늘에 떠 있는지 알려면,
먼저 어두워져야 합니다.

배우는 사람과
가르치는 삶

'말한 대로 살아야 하고, 그전에 살아온 대로 말해야 한다.' 좋은 삶을 위한 교육이 실현되려면 이 두 가지 조건이 동시에 이루어져야 한다고 믿습니다. 가르치려는 내용은 그것을 가르치려는 사람이 이미 배운 것이어야 하며, 동시에 배우는 사람이 배우고 있는 것은 그것을 가르치는 사람의 삶에서 실현되고 있을 때 비로소 가르치고 배우는 행위가 앎의 과정이 될 수 있기 때문입니다.

동어반복처럼 들리지만, 이 두 가지 조건이 강조하는 지점은 사실 서로 다릅니다. 우선, 가르치는 사람 자신은 가르치려는 내용을 이전에 어떻게 배웠을까를 먼저 생각해봅시다. 머리로 배운 것을 말로 가르치는 사람과, 머리로 깨달은 것을 가슴에서 숙성시켜 자신의 존재로, 삶으로 보여주는 방식으로 가르치는 두 유형을 상상할 수 있을 것 같습니다. 전문가를 양성할 목적이라면 첫 번째 교육 방식이 훨씬 효율적일 수 있겠지만, 좋은 삶을 위한 교육이라면 두 번째 방식 말고는 다른 길이 없다는 사실을 우리는 직간접적인 경험을 통해 잘 알고 있습니다.

가르치는 사람이 가르치려는 내용은 적어도 가르치는 사람 자신의 삶에서 이미 경험되고 검증되어야 하며, 그때 비로소 그가 가르치는 '앎'이 그것을 배우는 사람의 '깨짐-깨우침' 사이 여백에 스며들면서 비로소 배우는 사람의 삶을 성장시키는 마디나 진동의 기능을 할 수 있습니다. 보편교육에서의 앎은 삶의 성장에, 궁극적으로는 좋은 삶의 실현에 도움을 줄 수 있어야 합니다. 그리고 삶을 성장시키는 앎이 되려면 가르치는 사람의 존재나 삶을 통하는 것밖에는 다른 길이 없다고 믿습니다.

그런데 여기서 주의할 점이 있습니다. '앎은 가르치는 사람의 삶을 통해야 한다'라는 말을 '배우는 사람이 본보기로 삼아야 할 삶이 가르치는 사람의 삶의 모습'이라고 오역하지 않도록 조심할 필요가 있습니다. 가르치는 사람이 자신의 삶으로써 가르쳐야 한다는 말은 가르치는 사람의 삶이 앎의 행위가 일어나는 핵심 경로가 되어야 한다는 뜻이지, 가르치는 사람의 삶을 닮고 모방하라는 말이 결코 아닙니다. 가르치는 위치에 있는 사람이 교육을 통해 배우는 사람의 삶의 성장에 관여할 수 있는 길은 무엇보다 자신의 배움을 통해서이기 때문에, 가르치는 위치에 있는 사람은 가르친다는 행위가 사실은 자기 배움의 방편임을 잊지 말아야 합니다. 삶의 성장을 위한 앎, 좋은 삶을 위한 교육은 가르치는 사람과 배우는 사람이 마주보며 일어나는 것이 아니라 가르치는 사람의 삶의 '뒤'에서 꽃피웁니다.

다시 강조하건대, 좋은 삶을 위한 교육이 실현되려면 모름지기 가르치는 위치에 있는 사람은 배우는 위치에 있는 사람과 함께 비에 젖고 바람에 흔들이면서 이 비를 어떻게 버티고 이 바람을 어떻게 견뎌야 대나무에 마디가 생기는지를 자신의 존재로, 삶으로 보여줄 수 있어야 합니다. 가르치는 사람의 '뒤꿈치'가 배우는 사람이 도달해야 할 교육의 종착점이 되어서는 절대 안 됩니다. 사람을 교육한다는 것은 가르치는 사람과 배우는 사람 모두 배움 공동체의 일원으로서 각자의 현재 삶보다 더 깊고 성숙한 '저만치'의 삶을 지향하고, 이를 위해 가르치는 쪽은 사람과 세상에 관해, 그리고 그런 세상에서 꽃피울 멋진 삶의 모습에 관해 보편적 관점에 서서 가르쳐야 한다는 사실을 꼭 명심해야 합니다.

　가르치는 사람 중에 하수(下手)는 자기를 보라며 자녀를, 학생들을 다그치고, 고수(高手)는 자기를 넘어서도록 격려합니다.

2장

저마다

꽃으로

피어나듯

그의 마음으로
생각한다

40년 넘게 어린이 문학과 글쓰기 교육, 우리말 바로 쓰기 운동, 특히 아이들을 정직하고 진실한 사람으로 키우는 일에 헌신했던 이오덕 선생님은 '올바른 철학이 있어야 비로소 제대로 그 일을 할 수 있다'는 사실을 강조하셨습니다. 그는 이런 성찰이야말로 누군가를 가르치는 일을 그 외 다른 일들과 구별 짓는 중요한 요소라고 말씀하시기도 하셨습니다.

그는 '철학'이라는 말이 어렵게 느껴지면 '생각'이라고 해도 좋다면서, 교육을 바라보는 바른 생각 없이 아이들을 잘 가르칠 수 없으며, 올바른 아동관 없이 올바른 교육은 가능하지 않음을 역설했습니다. 물론 아동(사람)에 관한 올바른(보편적) 관점 없이 올바른 교육은 없다는 생각은 그가 처음은 아

님니다. 빈민의 구원자, 민중의 목자, 고아의 아버지, 인류의
교사로 세계적인 존경을 받은 하인리히 페스탈로치는 교육
이란 인간과 인간의 삶에 관한 성찰에서 시작해야 함을 이미
설파한 바 있습니다. 그는 대표적인 저작 중 하나인 《숨은이
의 저녁노을》에서 이렇게 말했습니다.

사람은 용상 위에 앉아 있으나 초가의 그늘에 누워 있으나
본성으로는 평등하다. 사람의 본성이란 도대체 무엇인가?
왜 성현들은 이를 밝혀 주지 않는가? 왜 슬기로운 지성인들
은 사람이 무엇인가를 알아내려 하지 않는가? 소를 모는 농
부도 소를 잘 알고 있지 않은가. 목동도 양의 성품을 살피지
않는가.
그대들, 사람을 다스리며 보호하고 기른다고 자부하는 자들
이여! 그대들은 과연 농부가 소를 살피는 정도의 수고를 하
고 있는가? 목동이 양을 살피는 정도의 정성을 들이고 있는
가? 그대들이 지닌 지혜는 과연 인류를 이롭게 하는 지식에
관한 것인가? 그대들의 사랑은 과연 백성을 총명하게 다스
리는 데 필요한 목자로서의 사랑인가?
사람이란 무엇인가? 사람에게는 무엇이 필요한가? 무엇이
사람을 고상하게 만들고, 무엇이 사람을 더럽히는가? 무엇

이 사람을 굳세게 하고, 무엇이 사람을 허약하게 만드는가? 백성을 기르는 목자는 반드시 이를 알아야 한다. 누추한 오두막집에 사는 사람들도 역시 이를 알아야 한다.

온 누리에서 오늘날 인류는 이를 알아야만 할 필요성을 느끼고 있다. 그들은 온 누리에서 애써 일하고 힘써 자신들의 향상을 기하고 있기 때문이다. 애석하도다! 인류는 몇 대에 걸쳐 노력했음에도 불구하고 헛되이 죽어 갔다. 이를 깨치지 못했기 때문이다. 사실 자신의 생애는 만족스럽지 못했다고 임종의 마당에 크게 뉘우친 사람들이 많았다. 정말로 이들의 죽음은, 가을철에 뭇 과일들이 자기네의 사명을 다한 후에, 겨울의 보금자리를 찾아 대지 위에 떨어지는 무르익음 같지 못했다.

페스탈로치와 이오덕 선생님은 모두 사람의 삶에 관한 성찰 혹은 보편적 관점 세우기가 올바른 교육의 전제임을 강조하고 있습니다. 그런데 한국 사회에서는 '교육'이라는 이름을 앞세운 다양한 행위 혹은 활동 중에서 막상 '사람'이 빠져 있는 사례가 참 많이 있고, 심지어 교육이나 학교를 자신의 이해관계를 실현하는 수단으로, 그리고 자신의 편협한 정치적 이념이나 종교적 신념을 사회적으로 확산하는 도구로 악용하는 참으로 저질스러운 일도 점점 많아지는 것 같아 정말 걱정스럽고 안타까운 마음입니다.

사람을 사람답게 만드는 것이 무엇이며, 사람이 영위해야 할 가치 있는 삶은 어떤 내용과 모습인지 진지하게 묻고 깊이 생각하지 않는다면, 그것은 사람에 대한 기본적인 예의를 굳이 갖추며 살 필요가 없다는 태도와 별반 다르지 않은데, 바로 이것이 한국 교육의 유난히 아픈 지점이라고 생각합니다.

보편성과 개별성
사이에서

'모름지기 교육은 인간과 세상, 그리고 좋은 삶에 관해 보편적 관점에 서야 한다.'

사람을 보편적으로 이해하기 위해 사람의 본성을 분석하고 구명(究明)한다는 점에서 교육학은 다른 학문 영역들과 크게 다르지 않다고 볼 수 있습니다. 하지만 보편적 인간성에 관한 이해를 토대로, 사람 개개인의, 더 잘게 쪼개질 수 없는 개체적 개별성의 발현을 돕는 것을 목적으로 한다는 점에서 보면 교육학은 분명히 다른 학문 영역들과 차이가 있습니다. 즉 교육학은 다른 학문 영역들과는 달리, 사람과 세상을 운영하는 보편적 원칙이나 원리의 특성을 분석하고 밝히는 데 멈추는 것이 아니라, 사람의 삶과 세상의 보편적 특성에 대한 이해를 다시 교육받는 이들의 개개인의 개별성 실현으로 연결한다는 차별성이 있습니다. 그런데 혹시 여러분에게는 개별성의 발현을 돕기 위해 보편성을 탐구한다는 말이 모순처럼 들리지는 않나요?

사람을 탐구하는 전형적인 접근 방식이 기본적으로 귀납적일 수밖에 없을 것이라는 데는 별 이견이 없을 것입니다. 사람의 세세한 특성을 더 많이 밝혀내면 낼수록 사람의 본성을 그만큼 더 보편적으로 그려낼 수 있을 테니까 말이지요. 반면, 교육학은 인간에 관한 보편적인 이해를 토대로 우리 아이들 한 명 한 명의 개별성에 주목하기 때문에 연역적으로 접근하는 것처럼 보입니다. 하지만 사람의 삶에 관한 보편적 관점에서는 궁극적인 이유가 우리 아이들 각자의 고유한 개별성을 존중하고, 개별성과 소통하며, 개별성을 꽃피우기 위함이라고 보면 사람에 대한 교육학의 접근 방식을 단순히 연역적이라고 한정할 수 없습니다.

사람을 탐구하는 여러 학문 영역이 인간의 '보편성'을 밝히는 데 초점을 맞춰 온 것과 비교해, 교육학은 처음부터 저마다 고유한 '개별성'에 주목한다는 차별성이 있습니다. 물론 인간의 특성인 개별성의 가치를 포착한 것은 교육학만이 아닙니다. 우연인지 필연인지(저는 필연이라고 생각합니다) 교육학뿐만 아니라 문학과 의학처럼 사람의 삶과 생명에 관심을 두는 분야는 대다수 사람에게 적용될 수 있는 보편성보다는 저마다의 개체적 개별성을 중요시하는 경향을 보입니다.

문학과 의학의 '접점'을 어디에 설정해야 하는가, 그것은 어려운 문제였다. 나는 생명의 개별성을 긍정한다는 점, 생명은 끝끝내 개별적임을 긍정한다는 점에서 문학과 의학은 접점을 공유할 수 있다고 생각했다. (…) 내가 말하려는 개별성은 이념적 개별성이 아니라, 몸의 개별성이다. 그리고 생명과 병듦과 늙음과 죽음의 개별성이다. 모든 인간의 병을 범주화하고 일반화해서, 동일한 징후에는 동일한 처방을 내린다는 방식으로는 이 개별적 징후들과 소통할 수 없을 것이다. 병과 징후들을 일반화했을 때 의학은 보편성이라는 자부심을 가질 수 있겠지만, 그 자부심은 앓고 있는 고통의 개별성과는 별 관련이 없어 보인다. 나의 고통은 나의 생명 속에서만 유효한 실존적 고통이다. 인간의 존엄은 그 개별성에 있을 것이다. 소설이 인간의 개별성 위에 언어의 구조물을 쌓아 가듯이, 의학도 인간의 개별성을 구성함으로써, 문학과 의학은 만날 수 있다. 나의 병은 다른 모든 유사한 병과 다른 것이다. 그러므로 병을 치료한다는 것은 개별적 존재의 개별적 병을 치료한다는 말이 되어야 할 것이다.

나는 이제마의 글을 다 이해하지는 못한다. 그러나 (…) 그
가 수많은 임상 경험을 통해 규명했던 '사상의학'은 바로 인
간의 개별성에 접근하려는 노력이었던 것으로 나는 이해했
다. '동일한 징후에 동일한 처방'이 아무런 효험이 없는 경우
를 그는 너무나도 많이 경험했을 것이다. 병의 실체는 보편
적이거나 획일적일 수 없다는 깨달음이 병의 구체성으로 나
아가는 길을 열어 주었던 것이다. (…) 보편성 속에 개별성을
매몰시켜서는 문학도 의학도 온전하지 못할 것이다. 나의
아픔은 개별적 아픔이다. 그리고 생로병사는 경멸받아 마땅
한 병리적 징후가 아니라, 개별적인 나의 자연현상인 것이
다.

인간의 존엄성은 궁극적으로 저마다의 개별성의 존중에서
시작된다고 믿습니다. 그런데 안타깝게도 한국 교육은 우리
아이들의 개별성에 무관심해 왔습니다. 우리 아이들을 한 줄
로 세웠고, 한 가지 목소리만 내게 하고, 획일적인 표준과 평
균에 맞춰 우리 아이들을 재단하고 평가해 왔던 관행에서 벗
어나지 못한 것이 한국 교육입니다. 분명 소설가 김훈이 말한
문학적 감각과 통찰력이 의학에만 절실한 것은 아니라고 믿

습니다. '동일한 징후에 동일한 처방'이 한국 교사나 학부모 모두의 DNA에 깊이 새겨 있기에 우리는 '나의 아픔은 개별적 아픔'일 수 있고, 또 그래야 한다는 사실을 인식할 수 있는 능력을 거의 회복하지 못할 만큼 상실해버린 것은 아닌지 걱정이 큽니다.

우리 아이들은 각기 서로 다른 모양의 꽃입니다. 방해받지만 않으면 각자의 개별성에 따라 그 본연의 모습을 꽃피울 생명체입니다. 그러므로 '우리 아이들은 각자의 개별성에 따라 서로 다르게 아파하면서 성장한다'라는 명제가 우리 교육계에서 공명을 일으켜야 하고, 그러려면 어린 생명체의 삶에 깊은 영향을 줄 수 있는 교사와 양육자, 보호자가 먼저 자기가 맡은 학생들을, 자녀를 존중하는 법부터 배워야 합니다. 그리고 배움은 사람이 영위해야 할 좋은 삶에 관한 보편적인 관점에서 우리 아이들의 개별성에 주목하고 섬세해지는 것에서 시작합니다.

이처럼 많은
별이 빛나듯

여러분 앞에 40명의 학생이 있다. 언뜻 보면 모두가 비슷하다. 심지어 외형적 특징들마저도 비슷해 보인다. 하지만 숲과 들판으로 몇 번 산책을 다녀오면 학생 한 명 한 명이 그 자체로 하나의 독특한 세계라는 것을 확신하게 된다. 만약 여러분이 이러한 세계를 만나 학생 저마다의 개성을 감지한다면, 그리고 학생 저마다의 기쁨과 슬픔에 관심을 두고 마음을 쓴다면 어떨까?

나는 개인의 특성이 셀 수 없이 다양하다고 생각한다. 누구든 창조자가 되어 이 세상에 흔적을 남길 수 있다. 이것이 우리가 꿈꾸는 미래 사회를 건설하려는 목적이다. 바람에

날리는 먼지처럼 어떤 사람도 '아무것도 아닌 사람'이 되어
서는 안 된다. 아이들은 한 명 한 명 빛나야 한다. 어마어마
하게 많은 별이 하늘에서 빛나는 것처럼.

이 글은 바실리 수호믈리스키가 그렸던 교육의 모습입니
다. 그는 우크라이나의 작은 마을 파블리시에 위치한 학교의
교사와 교장을 역임했고, 아동 인격의 가치를 높게 평가하고
휴머니즘 원칙에 바탕을 둔 독창적인 교육을 실천한 것으로
유명합니다. 그의 이 글을 읽을 때마다 울림이 크고 다시 마
음을 다잡는데, 사실 생각해보면 저도 대학 시절에 이미 이와
비슷한 교육을 받은 기억이 있습니다. 오늘의 제가 있기까지
가장 큰 영향을 주신, 제 삶의 스승 김정환 선생님께서도 앞
으로 교단에 설 당신의 제자들에게 이렇게 가르치셨습니다.

제비꽃 하나에도 여러 개의 이름이 있습니다. 제비처럼 날
씬하다 해서 제비꽃이요, 오랑캐가 침입하는 봄철에 핀다
해서 오랑캐꽃이요, 이른 봄의 병아리같이 귀엽다 해서 병
아리꽃이요, 나물로도 무쳐 먹는다 해서 외나물꽃이기도 합
니다. 정말이지, 내 눈에는 제비꽃 하나에도 이렇게 많은 뜻
이 들어 있습니다.

그런데 여러분! 우리는 어떻게 가르치고 있습니까? '꽃 중의 꽃은 무궁화'라 가르치면서 다른 꽃을 하찮게 보게 하고 있습니다. 이런 생각은 영어, 수학 잘하는 아이만을 사람 취급하는 교육으로 이어지고 있습니다. 영어에는 소질이 없어도 손재주는 뛰어나고, 수학은 잘하지 못해도 마음은 다시없이 착한 아이일지라도 이 같은 교육 환경에서는 제구실하지 못하고 들러리로 전락합니다. 이것이 우리 교육의 현실입니다. 만일 우리가 무궁화만 남기고 다른 꽃을 다 없앤다면, 또 다른 나라도 그렇게 한다면 이 세계의 산과 들이 어떻게 되겠습니까? 그런데 바로 그 어리석고 몸서리치는 짓을 교육이라는 이름으로 우리는 교실에서 자행하고 있는 것입니다.

멀리서
보면

1995년 7월 5~6일, 1박 2일 동안 경기도 용인시 수지에 있는 한 천주교 수녀원에서 '대안교육'이라는 이름으로 교육 운동을 한 후, 한 모임에서 대안학교가 교육적으로 좋은 환경일 수 있는 이유를 다섯 가지로 정리해서 발표한 기억이 있습니다. 지금은 흐릿하지만, 제도학교에 대해 대안학교가 지닌 상대적 비교우위의 다섯 가지 요소 중에서 두 번째인가 세 번째 항목으로 '작은 규모의 학교'를 강조했던 것 같습니다. 그런데 지금 생각해보면, 그리고 바로 앞에서 서술한 보편성과 개별성의 순환 관계의 관점에서 다시 성찰해보면 '작은 규모'와 관련해서 좀 더 보완해야 설명했어야 하지 않았나 싶습니다.

'작은 규모'의 학교가 교육적으로 '좋은' 환경이 되기 위해서는 반드시 함께 고려되었어야 할 중요한 전제조건이 있는데, 그것은 작은 규모의 학교일수록 교사 한 명 한 명의 학생에 대한 영향력은 큰 규모의 학교와 비교해서 비교가 안 될 정도로 크다는 사실입니다. 대안학교처럼 작은 규모의 학교에서는 교사의 수는 적고 오히려 교사와 학생들이 함께 보내는 시간은 일반 제도학교와 비교해서 훨씬 길어, 개별 교사의 성품이나 성격, 생활 태도 등이 학생들에게 주는 영향력은 제도학교 교사보다 훨씬 클 수밖에 없습니다.

일반적으로 어느 교사 한 명의 '부족함'만으로도 학생들은 참으로 큰 영향을 받습니다. 이는 학교의 규모와 관계없이 그렇습니다. 하지만 그 영향의 강도는 소규모 학교일수록 훨씬 클 것이고, 그래서 소규모 학교에서 교사가 '교사다운 자격'에서 부족함이 있다면 학생들의 처지에서는 차라리 규모가 큰 학교가 더 '안전한 교육 환경'일 수 있습니다. 규모가 큰 학교에서는 교사와 학생 수가 많다 보니 설사 어느 한 교사의 '부족함'이나 '부적절함'이 있더라도 다른 교사나 친구들이 그 '빈 곳'을 채워주거나 '문제'를 해소하는 데 도움을 줄 여지가 그만큼 크기 때문입니다. 그러니까 사람이 적으면 관계의 폭이 협소할 수 있을 뿐만 아니라 관계의 다양한 선택지가 제한받을 수 있어서 '작은 규모의 학교가 교육적으로 좋은 환경'

이라는 명제를 탈맥락적으로 성급하게 일반화하거나 이론화해서는 안 됩니다. 물론 우리 아이들 한 명 한 명의 개별성을 존중해야 한다는 관점에서 보면 확실히 '작은 규모의 학교'는 교육적으로 '좋은' 환경인지는 잘 따져봐야 하겠지만 '유리한' 환경임은 분명한 것 같습니다.

그러면 아이들 개개인의 '셀 수 없이 다양한' 개별적 특성을 존중한다는 것은 무슨 뜻이며, 어떻게 그 개별성을 존중할 수 있을까요? 아이들 개개인의 성장 배경이나 생활 환경을 속속들이 잘 살피면 그 길을 찾을 수 있을까요? 혹은 계량적으로 표준화된 진단 키트로 성격 분석을 잘하는 전문가의 도움을 받으면 될까요? 아니면 MBTI나 애니어그램, 혹은 별자리?

저의 개인적 경험과 다른 사람들을 관찰한 경험에 따르면, 개개인의 개별성은 결코 고정 불변한 절대적인 것이 아니라는 사실도 꼭 덧붙이고 싶습니다. 이제껏 인간의 보편성에 매몰되지 말고 아이들 개개인의 개별성에 주목하자고 줄곧 이야기해놓곤 인제 와서 그 개별성마저 '멀리서 보면' 그 경계가 그렇게 뚜렷하지 않을 수도 있다는 말씀을 드리니 생뚱맞아 보이겠네요. 하지만 이 세상의 그 어떤 것도 고정불변하고 절대적인 것은 없습니다. 다른 학문 영역과 비교하여 교육학의 차별적 특성을 설명하기 위해서 보편성과 개별성의 변증법적 관계를 살펴보았고, 특히 가르치는 위치에 있는 사람은 모름지기 아이들 개개인의 고유한 개별성에 섬세하게 주목하는 것이 중요한 이유를 설득하고 싶었습니다. 하지만 이 말이 교육의 궁극적 목적은 아이들 각자의 개별적 특성을 강화하는 것이라는 뜻이 아닙니다. 우리는 삶의 과정에서 자기 개별성의 빛깔로, 절대로 살아가려고 노력하는 것이 중요하지만, 이것이 삶의 궁극적인 목표가 되어서는 안 되고, 삶이, 영혼이 성장하면 나만의 고유성, 개별성을 넘어설 것입니다.

수호믈리스키의 "만약 여러분이 학생 저마다의 개성을 감지한다면, 그리고 학생 저마다의 기쁨과 슬픔에 관심을 두고 마음을 쓴다면 어떨까?"라는 질문은 교육하기 전에 가르치는 사람이 해야 할 질문이고 자세이지 배우는 사람은 자기 삶의 성장에 관심을 두는 것이 맞습니다. 그리고 삶이, 영혼이 성장하면 각자의 고유한 개별성을 초월해 다른 사람, 다른 생명체와 자신이 본질에서 다르지 않음을 깨닫는 수준에 이를 것이고, 그렇게 되면 내가 만나는 모든 사람, 모든 생명체에서 나의 모습을 발견하며, 우주의 모든 생명체와 우리는 모두 서로 경이롭게 연결되어 있음을 느낄 수 있을 것이다. 이를 신경림 시인은 〈새떼〉에서 이렇게 표현했습니다.

생각도 다르고 생김새도 달라서

매일처럼 입에 침을 튕기며 서로 발길질하고 주먹질하는 우리들도

멀리서 보면 한갓 수천수만 개의 크고 작은 점들일까.

누가 옳고 무엇이 바른지도, 누가 잘나고 무엇이 비뚤어졌는지도 구별되지 않는

수천수만 개의 크고 작은. 멀리서 보면.

3장

사람은

홀로

설 수 없다

무엇으로 어떻게
관계 맺을까

　사람〔人〕은 혼자서 살 수 없으며, 다른 사람과의 관계〔間〕를 통해서만 비로소 사람〔人間〕이 될 수 있습니다. 인간의 삶은 사람과 사람 사이의 관계 맺기로 비로소 실현되는 것입니다. 그리고 같은 맥락에서 교육이 사람마다 고유한 개체적 개별성을 꽃피우는 일일지라도 앎의 과정은 관계성을 띱니다.

　삶의 성장을 위한 앎의 과정은 관계적 특성, 즉 '관계성'을 갖는다는 말이 개별성과 충돌하는 것처럼 보일 수 있을 것 같습니다. 하지만 '교육은 인간과 인간의 삶에 관해 보편적인 관점에 서야 한다'라는 명제는 '교육은 개별성과 관계성이라는 두 가지 특성이 서로를 튕겨 내는 것이 아니라 변증법적으로 서로가 상대방을 실현하게 하는 힘으로 기능한다는 사실에 주목해야 한다'라는 뜻을 함축하며, 따라서 이 둘은 서로 모순 관계가 아니라는 점에 주목할 필요가 있습니다.

사람은 홀로 인간일 수 없습니다. 좋은 사람을 기르는 것이 근본적인 목적인 보편교육은 기본적으로 아이들의 삶을 위한 교육이어야 하며, 저마다 고유하게 빛나는 개별성을 발현하도록 돕는 '삶을 위한 교육' 역시 사람과 사람의 관계로써 실현됩니다. 이때 관계 맺는 대상은 또래 친구일 수 있고, 교사와 학생, 자녀와 부모 사이일 수도 있겠습니다.

학교라는 교육 공간을 중심으로 생각하면, 아이들이 경험하는 가장 중요한 교육 경로는 당연히 교사와 학생 사이의 관계일 것입니다. 일본의 교육자이자 사상가인 우치다 타츠루의 "교사가 존재하는 것만으로도 교육은 이루어진다"라는 말이나, '교육의 알파(시작)요 오메가(끝)가 교사'라는 오래된 교육 명제 모두 이 관계성의 관점에서 교육을 말하고 있다고 볼 수 있습니다. 그리고 그 근본적인 목적은 경쟁력 있는 소수의 영재를 배출하는 것이 아니라 우리 아이들 모두의 삶을 위해서여야 하며, 이를 위해 보편교육에 종사하는 사람들이라면 관계성이 함께해야 개별성도 빛을 낼 수 있음에 주목할 필요가 있습니다.

지금도 그렇지만 지금보다 고전에 대한 이해가 훨씬 얕은 수준에서 옛사람의 자녀 교육법을 공부할 때였습니다. 당시 '동양 고전에서는 아이들이 부모나 동네 어른을 어떻게 대해야 하는지에 관한 가르침만 넘치고, 어른이 아이들을 어떻게 대해야 하는지에 관한 내용은 왜 별로 없을까?' 의아한 적이 있었습니다. 결과적으로는 글자를 넘어 문맥과 여백까지 읽을 수 있는 실력이 부족한 탓에 오독(誤讀)으로 인한 오해였지만 말이다.

동양 고전에서는 어른이나 아이들에게 하나같이 좋은 사람으로 살아가는 것을 삶의 가장 중요한 목표로 가르쳤습니다. 어떤 유형이 좋은 사람인지, 좋은 사람이 사는 삶은 어떤 모습인지 이해시키기 위해 옛 스승들은 '군자(君子)'라는 아바타를 등장시켜 비유적으로 가르쳤습니다. 말로 설명하기 힘든 원리를 적절한 사례를 들어 보여주거나 어울리는 비유를 하면 그만큼 이해시키기가 쉽기 때문이겠지요. 옛날 아이들에게는 자기가 사는 동네가 그들이 경험하는 세상의 거의 전부였을 테고, 그래서 그들의 세상인 동네의 어른들, 가정에서는 조부모, 부모와 어떻게 관계를 맺어야 '좋은 사람'이 될 수 있는지 가르쳤을 것입니다.

아이들이 매일 경험하는 실제적인 현실이자 세상인 '동네 어른들'에게는 어떤 사람이 좋은 사람인지, 그리고 좋은 사람이 사는 삶은 어떤 모습인지를 자기 존재를 통해, 그리고 자신이 살아가는 모습으로 '보여주는' 행위가 중요하지 않았을까 싶습니다. '좋은 사람'이 부모가 되면 '좋은 부모'가 될 것이고, 훈장이 좋은 사람이면 당연히 '좋은 스승'이 되어 아이들에게는 부모나 스승의 존재가, 그리고 아이들에게 목격되는 그들의 일상적 삶의 모습이 그대로 아이들에게는 '살아 있는 교재'가 될 테니 "교사가 존재하는 것만으로도 (인간) 교육은 이루어"질 수 있었을 것입니다.

　이런 관점에서 보면, 군자이자 멘토여야 할 어른에게 다른 사람을 어떻게 대하고 관계 맺어야 하는지를 말한다면 그것이야말로 앞뒤가 뒤바뀐 꼴이 되어버리는 거라고 이제야 추측해봅니다. 동양 고전에서 어른을 대상으로 삶을 가르치는 대목을 잘 발견할 수 없었던 것은 아마도 좋은 관계 맺기를 배워야 할 사람과 그것을 어떻게 하는 것인지를 보여줘야 할 사람을 구별한 결과라고 추론할 수 있을 것 같습니다.

코로나19 팬데믹
이전과 이후

　그러면 한국 교육의 현실은 어떨까요? 한국 사회에서는 입시에 관한 정보력이 뛰어난 '헬리콥터맘'은 넘쳐도 '좋은 사람-부모'는 쉽게 만날 수 없습니다. 교육 공학적으로 탁월한 교수법을 인정받는 교사는 많이 만날 수 있어도 아이들 한 명한 명의 삶을 경청하고 공감하며 함께 아파해주는 '좋은 사람-교사'는 쉽게 찾을 수 없는 것이 속상하지만 지금 한국 교육의 현주소입니다.

　2020년 초, 코로나19 팬데믹이 전 세계를 전격적으로 '닫아' 버렸을 때, 한국 교육도 제대로 '준비되지 않은' 상태에서 전국 각급 학교를 온라인 '비대면' 수업으로 전환했습니다.

　당시 코로나19의 영향력은 의료 체계가 발전한 국가조차 지

역사회 감염 속도와 피해 규모가 그 사회의 의료 체계에 치명상을 입힐 만큼 전 세계적으로 강력했고 치명적이었습니다. 모든 국가는 의료적 대응뿐만 아니라 가동할 수 있는 모든 행정력을 동원했고, 사회적 거리두기도 그런 비상 대응책 중 하나였으며, 한국은 'K-방역'이라는 용어가 생겨날 정도로 이를 선도적으로 매우 잘 대처한 나라 중 하나로 평가받았습니다. 문제는 이렇게 시작된 사회적 거리두기는 의료 보건 영역을 넘어 교육을 포함한 사회의 여러 영역에서 기존 시스템을 '부정적'인 방향으로 크게 흔들었다는 사실입니다. 경제적으로 심각한 타격을 입힌 것은 물론이고, 여행업과 항공업 등을 필두로 제조업 등 여러 분야에서 미증유의 연쇄적인 참상이 일어났고, 치솟는 실업률 또한 국경이 따로 없었습니다.

물론 코로나19가 아픈 상처만 남긴 것은 아니었습니다. 코로나19 팬데믹 2년 동안 인간이 격리됨으로써 자연이 되살아나는 신비를 경험할 수 있었고, 우리가 사는 이 세상과 이 지구가 또다시 닥쳐올 또 다른 의료보건적, 사회경제적, 생태적 위기에서 살아남기 위해 인류는 하루빨리 '회복탄력성'을 복원하고 강화하는 길을 찾아야 한다는 교훈도 얻었습니다.

개인주의가 발달하면 위기 상황에서 나만 살겠다는 사재기가 성행한다. 코로나는 '나는 내 마음대로 할 거야'라는 개인주의로는 다 죽는다는 것을 보여준다. (…) 모든 것은 연결되어 있고, 서로 의존적이다. 모두가 불행한데 나 혼자만 행복할 수도 없고, 모두가 병에 걸렸는데 나 혼자 건강할 수도 없다. 관계가 건강해야 나도 사회도, 건강해질 수 있다.

코로나19 팬데믹 시작된 해인 2020년 4월 어느 일간지에 실린 칼럼 중 일부 내용을 인용했습니다. 그렇습니다. 값비싼 희생을 치르고 배운 코로나19 팬데믹의 교훈을 우리는 절대 소홀히 흘려버려서는 안 된다고 믿습니다. 시대를 표기할 때 기원전(BC)과 기원후(AD)를 사용하는데, 코로나19 팬데믹 때 사람들은 BC와 AD를 Before Corona(코로나전)와 After Disease(코로나후)로 패러디하기도 했고, 대한민국 질병관리본부도 당시에 "코로나19 팬데믹 이전의 세상은 이제 오지 않는다"라는 표현을 쓰기도 했습니다. 그러면 또다시 발생할 수 있는 제2의, 제3의 신종바이러스 팬데믹 상황을 대비해서 우리는 무엇을 어떻게 준비해야 할까요?

그런 일이 절대로 발생하지 않기를 기도하는 마음이지만, 혹시라도 또다시 신종바이러스가 창궐할 때, 그 바이러스를 치료하는 백신 개발이 코로나19 팬데믹 때처럼 소수 사람의 배만 채우는 일이 없도록 공공 제약사 설립을 추진하고, 의료 공공성을 한층 더 튼실하게 강화해야 합니다. 또한 아직 시간과 기회가 있을 때 집단 지성을 모아 제반 공공복지 시스템을 체계적으로 정비해서 '사람 사는 세상'을 위한 최소한 조건을 마련해야 합니다. 그래서 또 다른 감염병 유행이 닥쳐오더라도 소외되는 사람이나 집단 없이 사회 구성원 모두가 인간적인 관계성을 유지하며, 자기 생명을 담보로 살아야 하는 모순을 겪을 필요도 없이 서로를 환대하는 세상을 실현하고 지켜낼 수 있는 조건들을 기회가 허락된 지금 마련해야 합니다.

그리고 이런 노력의 하나로, 교육은 이와 같은 시대적인 요청에 부응하기 위해, 우리가 사는 세상이 앞으로도 계속될 수 있는 신종바이러스 팬데믹 위기에서 인간다운 삶을 지켜내고, 갈수록 심각해지는 생태적 위기를 극복하고 지속 가능할 수 있게 하는 '회복탄력성'을 일찍부터 가르쳐야 합니다.

어떤 경제적 수준에 있든, 누구라도 자신의 삶을 희생하지 않고도 이웃과 설레는 관계를 맺으며 살아갈 수 있는 '안전한' 세상, 정의와 자유와 평화가 충만한 '설레는' 세상을 실현하는 데 기꺼이 참여하고 힘을 보태겠다는 의지와 용기가 있는 사람, 이런 삶의 자세를 갖춘 사람이 코로나19 팬데믹 '이후' 시대가 찾는 '삶이 아름다운 시민'이 아닐까 싶습니다.

더불어 살아가는
10명

서로 환대하며, 함께 돌보며 살아가는 삶과 관련해 성공회대학교 교수였던 신영복 선생님의 에피소드 하나를 소개합니다.

그는 육군사관학교에서 경제학 교수로 재직하던 중 1968년에 통일혁명당 사건에 연루되어 무기징역을 선고받고 20년 20일을 복역하다가 1988년 광복절 특사로 출소했습니다. 오랜 시간의 옥살이가 얼마나 힘든 일인지는 굳이 설명이 필요 없겠지만, 그는 억울한 옥살이보다 더 힘든 것은 교도소 안에서 사람 눈치 보며 사는 거라고 말씀하시곤 했습니다.

많은 사람이 좁은 방에서 다른 재소자가 내뿜는 숨결조차 피할 길 없는 수감 생활을 한다고 상상해보세요. 한겨울에는 서로의 체온이 세상을 버티는 데 크게 도움이 되겠지만, 한여름 열대야에는 어땠을지 상상되지요. 앞뒤 사람의 체온은 말할 것도 없고 방 사람들이 내쉬는 날숨조차 참기 힘들고 엄청 짜증이 나지 않았을까요. 신영복 선생님 말씀으로는, 이럴 때는 같은 방 재소자들 모두가 서로의 신경을 건드리지 않으려고 각자 온몸의 촉각을 곤두세워 극도로 민감해진다고 합니다. 말로 형용할 수 없을 정도로 신경이 날카로워져 사소한 자극에도 상대방에게 흉기로 돌변할 수 있기 때문이지요.

그런데 이렇게 눈치 보며 보낸 20년 세월이 출소해서는 세상 살아가는 데 큰 도움이 되었다고 농담처럼 말씀하셨습니다. 선생님은 평소에 대중교통 수단을 이용하셨는데, 버스에서든 전철에서든 그 사람 얼굴을 보면 어느 정거장에서 내릴지가 자연스럽게 읽히더랍니다. 그래서 빈자리가 없더라도 앉고 싶을 때는 다음 정거장에서 내릴 만한 사람 앞에 서면 대개는 자리가 난다고 자랑(?)하곤 하셨습니다.

그러다가 하루는 돌발 상황이 발생했습니다. 시내에 나갔다가 학교로 돌아오는 전철에서 벌어진 일인데, '오늘은 용산역에 앉아볼까' 싶어 용산역에서 내릴 것 같은 사람 앞에 섰고, 역시 기대에 어긋나지 않게 그 사람은 용산역에서 내렸답니다. 그리고 '사건'은 그다음에 벌어졌습니다. 누가 봐도 선생님에게 '연고권'이 있는 그 '빈자리' 옆에 앉아 있던 여학생이 재빨리 그 빈자리로 옮겨 앉더니, 자기가 앉았던 자리에는 자기 앞에 서 있던 남자 친구를 앉히더라는 겁니다. 이런 일이 벌어질 줄은 누가 예측이나 할 수 있었을까요.

선생님은 학교에 돌아오는 길 내내 '그 빈자리 사건'을 두고 골똘히 생각했답니다. 어떻게 이런 일이 벌어진 걸까 하고요. 선생님은 당신이 겪은 '사건'의 전모를 설명해주시면서 우리 후배 교수들에게 이렇게 물으셨습니다.

"만약 그 여학생이 나를 다시 만날 사람으로 여겼다면 그렇게 행동했을까?"

선생님은 우리에게 잠시 생각할 시간을 주시더니 이어 말씀하셨습니다.

"가만히 생각해보면 그 여학생뿐만 아니라 우리는 모두 서로를 전혀 안 볼 사람처럼 관계 맺으며 살아가고 있는 것은 아닐까?"

성공회대학교의 "우리는 한 명의 지도자가 아니라 더불어 살아가는 열 명을 길러냅니다"라는 교육 이념은 결코 우연히 나온 것이 아닙니다. 신영복 선생님은 교사들을 대상으로 한 강연에서, 프랑스 시인 루이 아라공의 시 중 "가르친다는 것은 다만 희망에 관해 이야기하는 것"이라는 구절을 인용하면서, 우리 교육도 관계론의 관점에 서서 함께 희망을 만들어 가자고 설득하셨습니다.

개인, 회사, 국가 등 모든 단위의 운동 원리는 기본적으로 존재론이었습니다. 경쟁력 있는 존재, 강철처럼 무겁고 강한 존재로 키워 가려는 것이 우리의 현실입니다. (…) 존재론의 역사를 관계론의 역사로 바꾸는 일, 이것은 인류사 수천 년 묵은 숙제입니다. 뿔뿔이 흩어진 나무들이 더불어 숲을 이루는 일입니다. 나무와 나무들이 더불어 숲이 되는 일이 쉽지 않다는 것은 과거의 역사가 이를 증명합니다. 그러나 자본은 축적이 아닌 분배를 자기 목적으로 가질 수 없습니다. 감히 강한 존재들이 추구할 수 없는 목표를 가질 수 있다는 것, 그것이 희망입니다.

사람은 본질에서 관계적 존재라는 사실, 그리고 그 관계는 타인과의 관계뿐만 아니라 자신과의 관계도, 아니 어쩌면 더 중요하다는 사실에 주목해야 합니다.

사유하고 성찰하는
나로부터

자기 자신과 좋은 관계 맺기가 말만큼 쉽지 않습니다. 뉴욕 시립대학교 교수이자 문화비평가인, 벨 훅스라는 필명으로 잘 알려진 글로리아 진 왓킨스는 다른 사람과 좋은 관계를 맺기 위한 전제로서 자기 자신과 좋은 관계 맺기가 얼마나 중요한지, 그리고 그것이 얼마나 어려운지를 《사랑과 각성》을 쓴 존 웰우드의 글을 인용해서 설명하기도 했습니다.

우리는 자기 자신과 풍요롭고 만족스러운 방식으로 교감하는 방법도 모르면서 누군가와 사랑하면 그런 관계를 만들어 갈 수 있으리라 상상한다. (…) 종종 우리는 누군가와 맺는 관계가 필연적으로 우리 자신과의 관계를 닮아 간다는 사실을 알지 못한다. 즉 타인과의 관계는 내면의 삶의 확장에 불과하며, 자기 자신과 열려 있는 관계를 맺을 때만 다른 사람과의 관계에서도 그럴 수 있다는 것을.

실제로 관계에서 가장 힘든 대상이 자기 자신임은 분명합니다. 아니, 예술평론가이자 문화비평가이며 환경·반핵·인권 운동가인 리베카 솔닛의 말처럼 자신의 본모습과 직면하기를 본능적으로 두려워해 자신을 보지 않으려는지도 모르겠습니다.

자신을 보지 않는 방식은 정교하다. 분열, 투사, 기만, 망각, 정당화 등 많은 방식으로 사람은 견딜 수 없는 현실이라는 장애물을, 우리 자신의 얼굴을 한 괴물이 숨어 있는 미로를 피해 간다.

자신의 자아를 용기 있게 마주하려면 깊은 성찰 능력이 필요합니다. 리베카 솔닛의 말을 빌려 표현하면 "당신이 먹는 음식이나 당신이 입는 옷, 당신의 나라와, 눈에는 전혀 보이지 않지만, 당신도 한몫하고 있는 고통 사이의 관계"를 포착하는 숭고한 능력을 갖춘 사람 중에서 적지 않은 이들이 자신의 집이나 침대, 삶에서 벌어지는 눈앞의 고통을 보지 못하는 경우가 많으니까요.

그런데 여기서 주의해야 할 점은 우리가 용기를 갖고 직면해야 할 자아는, 2장에서 강조했던 "개별성마저 '멀리서 보면' 그 경계가 그렇게 뚜렷하지 않을 수도 있다"라는 말처럼, 불변의 어떤 것이 아니라는 사실입니다. 자아는 스스로 만들어 가는 것이며, 이런 맥락에서 '자기를 본다'라는 것은 더 깊고, 더 크고 넓은 자아를 만들어 가는 숭고한 노력의 다른 이름이며, "삶이, 영혼이 성장하면 각자의 고유한 개별성을 초월하여 다른 사람, 다른 생명체와 자신이 본질에서 다르지 않음을 깨닫는 수준"에 이를 것이라 믿습니다.

자아라는 것 역시 만들어지는 것, 당신의 삶이 만들어 내는 작품이자, 모든 이로 하여금 예술가가 되게 하는 어떤 작업이다. 늘 무언가 되어 가는 이 끝없는 과정은 당신이 종말을 맞이할 때 비로소 끝나며, 심지어 그 후에도 그 과정의 결과는 계속 살아남는다. 우리는 스스로를 만들어 가고, 그 과정에서 우리는 자아라는 작은 우주와 그 자아가 반향을 일으키는 더 큰 세계의 작은 신이 된다.

4장

사유하는

사람

산다는 것은 묻고
답하는 과정

인간의 존재 이유를 묻는다는 것은 무엇을 어떻게 질문하고 성찰한다는 뜻일까요? 이와 관련해 오스트리아의 심리학자 빅터 프랭클은 "사람이 사는 이유에 관한 질문은 우리가 우리 자신의 삶에 하는 것이 아니라 오히려 삶으로부터 오는 것이어야 한다"라고 했습니다.

그는 제2차 세계대전 당시 강제수용소에서 4년 넘게 갇혔습니다. 그 안에서 지치고 희망을 잃은 채 짐승보다도 못한 대우를 받았고, 자신의 '벌거벗은 모습'을 대면합니다. 하지만 그처럼 벌거벗은 자신의 삶 외에 아무것도 잃을 것 없는 상황에서 그는 자살을 택하기보다 삶의 희망을 놓지 않는 선택을 합니다. 그리고 강제수용소의 극소수 생존자 중 한 명으로 살아남아 수용소 경험을 바탕으로 로고테라피 심리치료법을 창안합니다. 그는 수십 권의 책을 썼는데, 그중 익명으로 출판하려 했던 《죽음의 수용소에서》가 가장 크게 성공한 책으로 평가받습니다.

《죽음의 수용소에서》에서 그가 우리에게 들려준 수용소에서의 경험 이야기는 한마디로 미래에 대한 기대가 없으면 살수 없는 것이 인간의 특성이며, 앞날을 생각할 수 있는 정신적인 힘이야말로 가장 고통스러운 순간에서 자신을 구하는 수단이 될 수 있다는 것입니다.

그는 아우슈비츠 강제수용소라는 극한 상황에서 용기와 희망을 품고 있는 마음 상태가 육체의 면역 상태에 결정적인 영향을 주는 사례를 수없이 목격하면서, 강제수용소 수감자들에게 정신적인 의지를 되찾아 주려면 무엇보다도 그 사람이 자신의 미래에 목표를 가질 수 있도록 도와주어야 한다는 것을 절실히 깨닫습니다. 아무리 혹독한 시련이 닥치더라도 자기 삶을 의미 있고 목적 있는 것으로 만듦으로써 아무도 빼앗아 갈 수 없는 내면의 정신적 자유를 지켜야 그 사람에게 주어진 시련과 고통이 그 사람 삶에 깊이 있는 의미를 더해주는 기회가 될 수 있으며, 이때 비로소 그 고통은 삶에 의미 있는 가치가 된다는 깨달음 말입니다.

이런 그의 깨달음은 "살아가야 할 이유가 있는 사람은 어떤 방식으로든 견딜 수 있다"라는 니체의 말이나 도스토옙스키의 "내가 가장 두려워하는 것은 오직 한 가지, 내 고통이 가치를 상실하게 되는 것뿐"이라는 말과 정확히 맞닿아 있는 것으로 보입니다.

여기서 함께 생각하고 싶은 게 한 가지 더 있습니다. 삶과 관련한 질문은 누가 하는가 하는 문제로, 당연히 사람이 한다고 생각하겠지만, 빅터 프랭클의 생각은 달랐습니다. 질문하는 것은 우리가 아니라 삶이며, 우리는 질문을 받는 위치에 있으므로 "삶이 시시각각 던져 오는 물음에, 즉 '삶의 물음'에 답을 내놓아야 하는 것은 바로 우리"라는 것입니다. 그는 "산다는 것은 바로 질문을 받는 것"이며, "삶에 책임지고 답변하는 것"이 삶이라고 말합니다. 그리고 삶의 과정에서 "행동을 통해 답변하는 것, 구체적인 삶의 물음들에 행동함으로써 또는 창조하는 작품으로써 답"하는 것이 중요하며, 이때 자신의 구체적인 삶이 던지는 질문에는 '거기'에서 살아가는 각자의 몫일 뿐 그 누구도 대신할 수 없다는 사실도 함께 강조했습니다.

산다는 것 자체는 질문받는 것이며 대답하는 것이다, 그때마다 자기 고유의 현존을 책임지고 답변하는 것이다, 그렇기에 삶은 이제 주어진 것(Gegebenheit)이 아니라 부과된 것(Aufgegebenheit)으로 나타난다, 삶은 매 순간의 과제이다. (⋯) 삶이란 어려워질수록 더욱더 의미가 깊어질 뿐이다, (⋯) 헵벨의 말로 (표현하면) (⋯) 삶은 어떤 것이 아니다. 삶은 어떤 것에 대한 기회다.

향기를 보여주는
삶

삶은 '어떤' 것에 대한 기회라고 할 때, 그 '어떤' 것은 무엇일까요? 우선, 사람이 사는 것과 사는 이유로서의 성장, 즉 존재와 성장이 그 '어떤'에 대입될 수 있는 개념이라고 생각할 수 있겠습니다.

그러면 사람들은 삶의 기회라고 여겨지는 순간을 어떻게 '경험'하며 살아갈까요? 과연 우리는 순간순간 삶이 던지는 질문에 성실하게 답하기 위해 노력하며 살아가고 있을까요? 제가 관찰하고 경험한 바로는 한국 사회의 많은 사람이 그렇게 살지 못하고 있는 게 아닌가 하는 안타까움이 있습니다. 적지 않은 사람들이 그 순간에 '드는 생각'에 휘둘려 즉흥적으로 '반응'하며 사는 경향성이 강하다는 사실을 자주 목격했고, 저 또한 그들 중 한 명입니다. 그래서 삶이 던지는 질문에 반응하지 않고 책임 있게 답변하려면 무엇보다 질문을 제대로 잘하고 성찰하는 힘을 기르는 것이 참 필요한데, 이런 '질문하기'와 '성찰하기'는 삶이, 영혼이 성장하는 데 꼭 필요한 핵심 역량이라는 실존적 의미뿐만 아니라 인공지능(AI) 시대에서 인공지능 기술이 인간을 대체할 수 없는, 인간의 비교우위의 핵심 역량이라는 시대적 의미도 있다는 사실에 주목할 필요가 있겠습니다.

다시 한번 더 강조하건대, '지금, 이 순간'의 과제에 충실한 답변이 채워지면서 우리의 삶은 그만큼 성장합니다. 법정스님은 삶을 소유물로 여기는 마음에서 그 소멸을 두려워하는 마음이 생겨난다면서, "삶은 소유가 아니라 순간순간의 있음"이라는 사실을 깨달아야 한다고 했습니다. 한 사람의 삶의 아름다움은 그 사람이 지향하는 삶의 목적에서가 아니라 인생의 길을 걷는 과정에서 순간순간마다 뿜어내는 향기가 아닐까 싶습니다. 그리고 여기서 중요한 점은 인생의 아름다움이란 '맡는' 향기보다는 '보는' 향기라고 표현하는 게 더 어울릴 것 같습니다.

'지금, 이 순간'에 나는 어떤 '나'를 경험하고 싶은지를 묻는 삶, 어려운 고비마다 길을 잃지 않기 위해 노력하는 삶, 그리고 내 삶의 모습이 누군가의 삶의 길이 되는 삶이어야 하며, 누군가의 삶의 '아름다움'은 다른 사람의 삶에 '스며들어야' 비로소 그 아름다움을 느낄 수 있기에 '보는' 향기라고 표현하는 것입니다. 우리는 모두 이번 생애에서 각자의 순례길을 걸으면서 자신이 만날 세상의 수많은 '당신들'과 하나 되는 '사건'을 경험하고, 서로의 삶에서 아름다운 향기를 '보여주고 보면서' 서로 환대하며 살아갈 수 있으면 좋겠습니다.

말과 개념으로
짓는 세상

〈죽은 시인의 사회〉라는 영화를 보신 적 있나요? 1989년에 개봉했는데, 2016년에 재개봉할 만큼 전 세계적으로 화제를 불러일으킨 명작입니다. 개인적으로는 영화의 몇몇 장면을 교육학이나 인문학 관련 강의 때 활용하곤 하는데, 그중에서 방금 앞에서 언급한, AI 기술이 아무리 발전하더라도 인간을 대체할 수 없는, 인간의 비교우위의 핵심적인 특징인 성찰, 사유의 의미를 이처럼 멋있게 연출할 수 있었을까 볼 때마다 매번 감탄하는 장면이 있습니다.

(국어 수업 시간에 키팅 국어 선생님이 갑자기 교탁에 올라 서서 학생들에게 묻는다.)

키팅: 내가 이 교탁에 올라온 이유를 아는 사람?

학생: 크게 보이려고요?

키팅: 아니요. 이 위에 올라선 이유는 사물을 다른 각도에서 보려는 겁니다. 이 위에서 보면 세상이 무척 다르게 보이지요. 무슨 말인지 모르겠으면 여러분도 한번 올라와봐요.

(학생들이 한 명씩 교탁에 올라가 교실을 둘러본다.)

키팅: 어떤 사실을 잘 알고 있다고 자신감이 들 때라도 여러분은 그것을 다른 시각에서 보려고 노력하길 바랍니다.

교탁이 아니어도 좋습니다. 여러분이 이 책을 읽고 있는 공간에 있는 식탁이든 책상이든 바닥보다 높은 물체 위에 한 번 올라가보세요. 그 공간에서 조금 전까지 느꼈던 것과는 전혀 다른 분위기를 경험하지 않나요? 무릎 높이만 올라서도 이전과는 전혀 다른 분위기의 세상이 눈 앞에 펼쳐집니다. 학생들에게는 교탁 위에 오르기 전까지는 교실 분위기는 서 있을 때와 앉았을 때의 두 가지 세상뿐이었을 것입니다. 그런데 한 명씩 교탁 위에 올라서면서 그때까지 드나들던 교실 분위기와 전혀 다른 세상을 경험하고, 그때 탁자 위에 올라서 새로운 세상을 만나는 것은 그 사람의 삶에서는 하나의 '사건'이 됩니다.

익숙해진 '일상' 위로 용기 내어 발 딛고 '올라서기' 전까지
는 반복되는 일상에서 이전의 경험들이 밀어 올린 '드는 생
각'에 따라 관성적으로 살아가는데, 이때 '드는 생각'은 엄밀
한 의미에서의 생각, 사유, 성찰이 아니라 그 상황에 대한 '기
계적 반응' 이외의 아무것도 아닙니다.

그런데 키팅 선생님은 교탁에 올라서는 한 명 한 명에게 뭔
가를 확실하게 안다는 생각이 들더라도 그것을 다르게 보려
는 시도를 멈추지 말라고 말합니다. 한마디로 성찰, 사유가
무엇인지를 몸으로 직접 경험하게 함으로써 가르치고 싶었
던 것입니다. 사유와 성찰은 '드는 생각'이 아니라 '드는 생각'
을 '다르게 생각'하는 힘이라는 사실을 어려운 말 쓰지 않고
도 깔끔하고 멋있게 가르치는, 참으로 아름다운 교육적 장면
이라고 생각합니다.

키팅 선생님이 국어 교과서에 실린, 그 사회에서 권위를 인
정받은 국문학자의 시론(詩論) 부분을 찢으라고 하는 장면도
기억에 강하게 남습니다. 학생들은 처음에는 선생님이 농담
하는 줄 알다가 전혀 그렇지 않다는 사실을 깨닫곤 당황합니
다. 그러다가 잠깐의 적막을 깨고 한 학생이 용기를 내어 선
생님의 말씀대로 교과서의 시론 부분을 찢었고, 나머지 학생
들도 '내가 지금 무슨 짓을 하는 거야? 정말 이래도 되는 거

야?' 하는 찜찜함을 떨쳐버리지 못한 채 한 명 두 명 따라 찢기 시작합니다. 그렇듯 소란스러운 상황에서, 키팅 국어 선생님은 자기 담당 과목의 수업 목표를 간결하면서도 분명한 어조로 다시 한번 강조합니다.

이제 여러분은 이 수업에서 생각하는 법을 다시 배울 것입니다. 여러분은 말과 언어의 맛을 배울 것입니다. 말과 언어는 세상을 바꾸는 힘이 있습니다.

말과 언어가 세상을 바꾼다? 4차원, 5차원까지로 확대하면 이야기가 전혀 달라지겠지만, 적어도 지금 우리가 살아가는 3차원 세상에서는 사람은 말과 언어, 용어로 세상을 짓는다고 말해도 큰 문제가 없을 것 같습니다. 그리고 말과 개념 중에서 굳이 중요도를 따지자면 개념이 말, 언어, 용어보다 더 중요한 역할을 한다고 말할 수 있겠습니다. 개념은 형태를 띠지 않는다는 특성이 있고, 그래서 다른 사람과 개념을 공유하려면 상대방이 받을 수 있게 뭔가 통에 넣어서 건네줘야 합니다. 이때 개념을 집어넣는 통, 개념이 들어가 사는 집(개념의 집)을 흔히 말, 용어, 언어라고 말합니다.

일반적으로, 어느 시대에서든 의사소통 능력은 항상 중요한 핵심 역량으로 평가되었습니다. 그런데 의사소통이란 단순히 같은 말이나 용어, 언어의 주고받음이 아니라, 말과 언어 속에 담겨 있는 개념을 조곤조곤 설명하지 않아도 그 개념의 참뜻이 두 사람 사이에 공유되고 공명하는 상태에 이르러야 서로 소통했다고 말할 수 있습니다. 그러니까 같은 말과 같은 용어를 쓰고 있다고 해서 의사소통이 일어난다고 착각하는 것을 조심해야 한다는 말입니다. 쉬운 예로, 말싸움할 때나 상대방을 비난할 때조차 같은 말과 단어, 용어를 주고받기도 하니까요.

홍세화의 《결: 거칢에 대하여》에는 "자유를 빼앗기는 것도 위험한 일이지만, 자유 개념을 빼앗기는 것은 더 위험한 일"이라는 대목이 나옵니다. 이는 저자의 생각이 아니라 저자가 읽은 책에서 인용한 글로, 2024년 12월 3일, 당시 대한민국 현직 대통령이 막상 인류가 오랫동안 사용해온 보편적 의미에서의 '자유'와는 아무런 관련 없는 개념의 '자유'라는 단어를 남발하면서 불법 계엄과 내란을 직접 일으킨 참담한 경험을 한 한국 사회이기에 자유를 빼앗기는 것보다 자유 '개념'을 빼앗기는 것이 훨씬 더 위험하고 아플 수 있다는 조언은 참으로 그 무게감이 컸습니다. 그릇에 금이 가거나 깨져 쓸모가 없어지면 다른 그릇을 대신 만들어 쓸 수 있겠지만, 그릇에 담을 내용물이 없으면 빈 그릇을 손에 쥐고 있은들 아무런 소용이 없으니까요. 그런데 여기서 말하는 '개념'을 저는 종종 '에너지'로 바꿔 설명하기도 합니다.

관계 맺기란 삶의
에너지 나누기

　말과 언어가 세상을 바꾼다? 우리는 다른 사람과의 관계에서 말 한마디로 천 냥 빚을 갚기도 하고, 거꾸로 깊은 상처를 주기도 하는데, 어떻게 이런 일이 가능할까요? 그것은 말, 언어, 용어 속에 담긴 '에너지' 때문이 아닐까 생각합니다. 말 속에 담긴 '에너지'가 작동해서 상대방의 마음을 움직여 빚을 탕감해주고 싶은 마음을 일으키기도 하고, 거꾸로 날카로운 칼날이 되어 상대방의 마음에 비수처럼 꽂히기도 하겠지요. 그런데 이 '에너지'는 단지 말, 용어, 언어뿐만 아니라 사람들의 '행동'에도, 그리고 의식적·무의식적으로 하는 '생각'에도 담깁니다. 예전에 제 아들이 "아빠, 제게 하고 싶은 말이 있으면 그냥 말씀하세요, 아무 말 하지 않고 있는 그 표정이 제겐 더 힘들어요"라고 말했습니다. 여러분은 혹시 이런 경험이 없으신가요? 그때 제 아들이 힘들어했던 것은 저의 표정을 통해 느껴진 제 생각 때문이었을 테고, 좀 더 구체적으로는 그 생각 속에 담긴 '에너지' 때문이 아니었을까요?

사람들이 하는 말, 언어, 용어는 그 말을 하는 사람의 '생각'이 '표현된' 것이고, 그 '생각'에는 '에너지(氣)'가 응축되어 있습니다. '기분(氣分)'이라는 말을 글자 그대로 해석하면 '에너지의 나눠짐'입니다. 그래서 '기분이 좋다'라는 말은 두 사람 사이에서 '에너지(氣)의 나눠진 상태가 좋다'라는 뜻이고, '기분이 나쁘다'라는 둘 관계에서 '에너지의 나눠진 상태가 나쁘다'라고 해석할 수 있습니다.

이처럼 사람과 사람이 관계를 맺을 때 '에너지 나눔' 작용이 일어나는데, 어떤 사람과 만날 때는 기분이 좋다가도, 또 어떤 사람과는 기분이 나쁜 경험을 하는 것은 모두 '에너지 나눔' 작용의 결과에 따른 것입니다. 그래서 우리는 모두 일상에서 하는 말이나 행동, 심지어 '표현되지 않은' 생각에조차 부정적인 에너지를 싣지 않도록 조심해야 합니다. 친한 친구 사이라고 해도 부정적인 별칭으로 불러서는 안 되는 것도 물론입니다. 아무런 근거도 없는 이야기이지만, '말이 씨가 된다'라는 말도 혹시 '말' 속에 담긴 '에너지'의 작용과 관계된 것이 아닐까 하는 추측도 해봅니다.

　2025년 6월에 '대통령 직속 저출산고령사회위원회'가 결혼, 출산, 육아와 관련된 '부정적 용어'를 47개 추려냈는데, 다음과 같은 용어들이 눈에 띄어 몇 가지를 소개합니다.

육아휴직: ('쉬고 온다'라는 부정적 이미지가 있어서) 육아집중기간, 육아몰입기간, 아이돌봄기간

유모차: 유아차

유산·사산휴가: (상실 경험을 부각하는 이미지가 있어서) 회복휴가, 마음돌봄휴가

경력단절여성: (사회적 낙인 효과 때문에) 경력보유여성, 경력이음여성

혼외자: ('정상 가정' 밖이라는 부정적 이미지가 있어서) 자녀, 출생 자녀

미숙아: 이른둥이, 조산아

낙태: 임신 중단

성적 수치심: 성적 불쾌감

성희롱: 성적 괴롭힘

치매: 인지저하증

저출산: 저출생

학부모: 양육자

친(외)할머니: 할머니

친가, 외가: 아버지 본가, 어머니 본가

시댁: 시가

서방님, 도련님, 아가씨: 이름+씨

  47가지의 '부정적 용어' 중에서 상대적으로 많이 쓰는 용어로 16가지를 추려보았는데, 여러분은 콜론을 중심으로 왼쪽과 오른쪽 중에서 일상에서 어느 쪽 용어를 더 많이 쓰고 있나요? 무엇보다 '저출산'보다 '저출생' 용어가 더 안전하다고 제안하면서 막상 위원회 명칭을 '저출산고령사회위원회'로 그대로 쓰고 있는 게 의아했지만, 평소에 문제라고 느꼈던 용어들을 권위 있는 위원회에서 공식적으로 정리해주니 참 반갑고 고마웠습니다. 예를 들어, '치매'라는 용어는 '어리석다, 미치광이'를 뜻하는 '치(癡)'와 '어리석다, 미련하다'을 뜻하는 '매(呆)'의 합성어로, 의도하지는 않았겠지만 당사자를 매우 부정적으로 규정짓는 용어라서, 일본에서는 이미 2005년부터 '치매'라는 용어를 써서는 안 되고 대신 '인지저하증'이라는 용어를 사용하도록 법령으로 정하고 있습니다.

  '학부모'라는 용어에 대해서도 잠깐 생각해볼까요? 한국에서는 '학부모'가 마치 공식 용어처럼 사용되는데, 도대체 왜 이런 일이 벌어졌는지 알 길이 없습니다. 한 가지 짐작되는 것은 '학생'이라는 두 음절의 단어와 '부모'라는 두 음절의 단어가 만나 생겨난 '합성어'라고 다들 생각하며 아무런 문제의식을 느끼지 못하고 있는 게 아닐까 싶습니다. 그런데 두 음절의 두 단어가 합쳐질 때는 경우의 수가 네 가지입니다. '학생'과 '부모'라는 두 단어를 합성해서 '학생의 부모'라는 뜻을 가진 합성어가 된 것이라면 '학부', '학모', '생부', '생모' 등 네 가지 경우 중 하나이어야 하는데, '학부모'는 이 중 어느 것도 아닙니다.

제 생각에 '학부모'는 '학생'과 '부모'의 합성어가 아니라 '부모'라는 두 음절 단어 앞에 자녀의 학습을 함축하는 의미에서의 '학(學)'이라는 접두어가 붙어 만들어진 '파생어'라고 해석됩니다. 그래서 자녀를 양육하고 보호하면서 자녀의 전면적 발달과 성장을 돕는다는 온전하고 본연의 '부모'로서의 역할이 아니라 오로지 자녀의 성적과 입시에만 과도한 관심을 두는 '학부모'를 번역할 단어를 다른 어느 나라에서도 찾을 수가 없습니다. 참고로, 가까운 일본에도 '학부모'라는 말은 없고 대신 '보호자'라는 용어를 보편적으로 사용하고 있습니다.

한국에서는 진보적인 부모들의 모임이라고 자처하는 단체

명칭에도 관성적으로 '학부모'라는 단어가 들어가다 보니 그동안 교육을 변화시키기 위해 많은 사람이 그렇게도 헌신적으로 노력해왔건만 기대만큼의 성과를 거두기가 힘들었던 것 같습니다. 교육 문제는 참으로 고질적이어서 웬만해서는 바꾸기가 정말로 어렵다는 말씀을 드리려는 게 전혀 아닙니다. 교육에 관한 관점이 진보든 보수든 양쪽 모두 '학부모'라는 개념의 틀 안에 갇혀 있는 한 교육에서 그 어떤 본질적인 변화도 끌어내기가 절대 쉽지 않으리라는 점을 지적하고자 하는 것입니다.

'학부모'와 '부모', 그리고 '양육자, 보호자'라는 용어는 모두 각각 다른 '개념'이며, 그래서 당연히 서로 다른 결의 '에너지'를 담고 있습니다. '치매'와 '인지저하증'도 마찬가지입니다. 이는 단순히 같은 개념, 같은 성질의 에너지를 약간 다르게 이름 붙인 것 정도의 사소함이 아니라 '인지저하증'을 앓고 있는 당사자에게는 어떤 용어로 불리는가는 전혀 다른 세상으로 경험된다는, 참으로 큰 의미가 있습니다. 그리고 바로 이런 이유에서 "말과 언어는 세상을 바꾸는 힘이 있습니다"라는 키팅 국어 선생님의 가르침에 참으로 크게 감동한 것입니다.

5장

자기 이유가

있는

삶이어야

그럼에도 자신을
살아야 하는 이유

앞에서 잠깐 말씀드렸던 빅터 프랭클의 이야기로 다시 돌아가보려 합니다. '자유'라는 말을 치장하는 많은 현학적 개념들을 걷어내고, '자유 개념'의 정수를 단번에 만날 수 있기에는 아우슈비츠 강제수용소만 한 것이 없을 듯합니다. 인간의 극한적 생존 조건에서 하는 사유는 언제나 현상의 본질을 곧바로 꿰뚫을 수 있기 때문입니다. 빅터 프랭클이 그랬던 것처럼 말입니다.

그는 강제수용소 수감자 중 일부에게서 '궁극적 자유'를 목격합니다. 여기서 말하는 '궁극적 자유'는 "수감자들은 평범한 사람일 뿐이었으나 어떤 사람은 적어도 자신의 고통의 가치를 선택함으로써 겉으로 보이는 운명을 뛰어넘는 인간의 능력"을 뜻합니다. 그는 다른 동물과 인간을 구별 짓는 이 특수한 능력, 즉 궁극적 자유 능력을 어떻게 성취할 수 있는지, 혹독한 실존 조건 속에서도 자신의 삶에 대한 책임감을 어떻게 가질 수 있는지 찾고 싶어 했습니다. 이런 이유에서 그가 창안한 로고테라피는 일종의 '희망의 심리학'으로 봐도 무방하지 않을까 싶습니다.

그는 강제수용소라는 극한 상황 속에서도 인간이라는 존재는 그저 '생물학적으로만 존재'하는 것이 아니라 언제라도 자신의 존재 방식을 결정할 수 있다는 사실을 목격했고 스스로 경험하기도 했습니다. 이를 통해 인간을 생물학적·심리학적·사회학적 조건의 결과에 지나지 않는다거나 유전과 환경의 산물에 불과하다는 태도의 이론들을 가르치는 것이 얼마나 위험한지 경계합니다. 이는 사람은 누구에게나 어떤 순간에도 변할 수 있는 궁극적 자유가 있다는, 그리고 누구나 궁극적으로 자기 결정적인 존재라는 강한 믿음 때문이었습니다. 한마디로 빅터 프랭클은 자유의 개념을 '자기 결정력'으로 설명했는데, 이런 자유 개념을 극한적 실존 상황인 아우슈비츠 수용소에서 찾아낸 것입니다.

빅터 프랭클보다 5배나 긴 수감 생활을 한 신영복 역시 자유가 인간의 삶에 주는 의미를 깊이 성찰했습니다. 신영복은

"자유(自由)란 자기(自己)의 이유(理由)를 가지고 살아가는 것"이라고 설명했습니다. 빅터 프랭클의 자기 결정력이 인간의 개체적 존재에 초점을 맞추었다면, 신영복의 '자기 이유'는 사회적 존재로서의 인간에 좀 더 주목하고 있다는 느낌이 듭니다. 신영복의 자유론에서는, 그 사회의 주류적 이념을 삶의 목적으로 삼지 않으며, 동시에 다른 사람을 수단화하려는 의도를 갖고 관계를 맺지 않겠다는 삶의 자세, 그리고 다른 사람의 생각에 휘둘리지도 않지만 특정한 상황에서 자동으로 생기는 반응을 자기 생각이라고 착각하지도 않는 사유의 힘이 핵심 개념입니다.

이처럼 섬세한 차이에도 불구하고 자유 개념에 관한 두 사람의 사유를 관통해서 흐르는 큰 물줄기가 있습니다. 그것은 '지금, 이 순간' 어떤 삶을, 그리고 어떤 '사람임'을 선택하고 싶은지 등과 같은 실존적인 질문과 맞닥뜨렸을 때, 힘 있는 자의 권위에 눌리거나 편협하고 경직되게 생각하는 이들의 수적으로 많음에 휘둘리지 말고, 스스로 결정한 자기 이유를 가지고 자기 삶을 살아가는 자유인을 향한 믿음이라는 큰 물줄기 말입니다.

두 사람은 아무리 극한 상황에 처하더라도 '그럼에도' 자신이 살아야 할 이유를 찾은 혹은 놓지 않은 사람이 살아남았다는 사실을 다른 시간과 다른 장소에서 '비슷하게' 경험합니다. 인간을 각각 '자기 이유를 가진 존재'(신영복)와 '자기 결정적 존재'(빅터 프랭클)로 달리 설명하고는 있지만, 두 사람이 인간의 정체성을 이해하는 관점은 본질에서 다르지 않다고 생각합니다.

나 아닌 것이 나를
대체한다

그런데 인간을 다른 동물과 근본적으로 구별 짓게 하는 인간 고유한 능력인 궁극적 자유, 즉 자신의 존재 방식을 스스로 결정할 수 있는 능력이 필요한 곳이 어찌 강제수용소뿐이겠습니까? 인간 본연의 존재 의미를, 그리고 그런 의미를 실현할 수 있는 존재 방식을 성찰하는 능력을 갖추는 것이야말로 최첨단 과학기술 시대에 더 절실하지 않을까요?

가까운 미래에 인간과 로봇, 인간과 아바타 사이에서의 리버스 엔지니어링뿐만 아니라 인간과 다른 종(種)의 교잡종 등 생명공학 기술의 발달로 인간이라는 종의 경계가 매우 흐릿해질 것이라는 전망이 나옵니다. 또한 코로나19 팬데믹과 같은 신종바이러스 팬데믹이 반복될 수도 있다는 우울한 예측도 접하기도 합니다. 이런 상황에서 '그럼에도' 지금 '그렇게' 살아가는 실존적·사회적·과학기술적·생태적 자기 이유가 무엇이냐고 질문받는다면 어떻게 대답할 수 있을까요?

외국의 한 수도자가 "소비력(분자)을 욕구(분모)로 나누면 행복의 크기(몫)가 결정된다"라고 설명한 것을 읽은 적이 있습니다. 그러면 '소비력÷욕구=행복 크기'라는 수식에서 몫(행복 크기) 값을 어떻게 하면 크게 할 수 있을까요? 일단 두 가지 방법을 생각할 수 있습니다.

하나는 자기 욕망의 크기가 어떻든 그것을 채우고도 남을 만큼의 소비력을 엄청나게 크게 키우는 것입니다. 현대사회는 자기도 모르는 자신의 내밀한 소비 욕구를 각자가 클릭했던 데이터를 분석해서 찾아내어, '당신이 원하는 것이 이것이다. 지금, 이것을 구매해 당신을 실현하라'라고 전방위적으로 자극하는 세상이 되었습니다. 하지만 정상적인 방법으로 쌓은 소비력이라면 소비 욕구가 커지는 속도를 절대로 따라잡을 수 없다는 것은 너무나 당연하지 않을까요?

소비 욕구와 소비력의 차이가 벌어질수록, 자기의 욕망이나 욕구가 자연스러운 것인지 아닌지, 건강한지 아닌지를 따져보지도 않은 채 눈덩이처럼 커져만 가는 오염된 욕망과 욕구를 충족시키겠다는 강박관념은 하루가 다르게 강력해집니다. 그리고 그 결과, 수단과 방법을 가리지 않고 소비력을 키우려 안달하며 살아가며, 그러다 보면 '나' 아닌 것이 '참나'를 대체해버리는 지경까지 내몰리는 것은 순식간이다.

'나 아닌 것이 나를 대체한다'라는 말은 자기 내면이 공허해질수록 자기가 어떤 사람인지를 자기가 소비하고 있는 의식주의 물질적 가치 혹은 시장가치로 설명하고 싶은 유혹이 강해진다는 뜻을 함축합니다. 그리고 이런 심리 상태에 빠지면, 이미 손에 쥔 것은 그것을 놓칠까 노심초사하고, 아직 손에 쥐지 못한 것을 언제쯤 손에 쥘 수 있을까 전전긍긍하며 살아가는데, 안타까운 점은 이런 삶의 끝은 단 한 순간도 편안한 쉼을 맛볼 수 없는 삶이 될 것이고, 이런 삶에서는 당연히 '자기 이유'가 있을 리가 없다는 사실입니다.

사실 '자기 이유'와 '세뇌된 불필요한 욕구'는 구별하기가 쉽지 않습니다. '그것'을 꼭 이루어야 한다는 강박증에 힘들어지거나 현실에 대한 불안 혹은 불만은 '자기 이유'가 아니라 욕망과 관계된 것일 가능성이 매우 큽니다. 그리고 자기 내면이 비어 있을수록 다른 사람에게는 허영과 허세적인 것으로 비치는 것을 본인은 자기 이유라고 믿고 싶어 하는 경향성이 매우 강해집니다. 특히 시장가치와 자본의 가치가 지배하는 사회에서는 사회 구성원이 소비자로 길들어지므로 허황한 꿈은 대체로 자기의 소비 능력과 관계없이 누리고 싶은 소비 수준을 꾸준히 상향 조정하는 충동에 빠져 허우적대면서도 그것을 자기 이유를 갖고 살아가기 위한 안간힘이라고 착각합니다.

하지만 다행히도 우리에게는 또 다른 선택지가 있습니다. 소비력을 키우는 데 한계가 있음을 직시하고, 대신 욕구와 욕망을 최소화하는 것이 바로 그 대안입니다. 그럴 만한 '이유'가 전혀 없는데도 현실 세상에서 엄청난 영향력을 발휘하는 온갖 것에 휘둘리기 쉬운 세상에서 '지금, 이 순간'에 집중하는 성숙한, 지혜로운 삶의 길을 잃지 않기 위해서는 그 상황에서 한발 '비켜서기' 혹은 '책상에 올라서기'와 같은 용기와 마음의 여유를 지키려고 노력해야 하겠습니다. Carpe diem!

소극적인 삶과
적극적인 삶

사람에게는 두 가지 유형의 욕구가 있습니다. 불가피한 욕구와 불필요한 욕구가 그것입니다. 배고플 때는 먹고 싶은 욕구가 커지고 강해지겠지요. 이렇듯 자연스럽게 그런 마음이 생기는 것이 불가피한 욕구입니다. 아플 때 치료받고 싶고, 추울 때 몸을 따뜻하게 데우고 싶은 마음이 간절하며, 가정형편이 어렵더라도 하고 싶은 학업을 지속하고 싶은 마음 같은 것들이 바로 불가피한 욕구라고 하는 것입니다. 스스로 원하든 원하지 않든 그 상황에서 그런 욕구가 강하게 솟구쳐 올라 '불가피'한 것입니다. 그리고 '불가피'한 까닭에 그런 욕구는 즉각적으로, 그리고 충분하게 충족되어야 합니다.

하지만 현실적으로는 당사자 스스로 그런 욕구를 만족시킬 수 있는 경제력이 없을 경우가 많으므로 지역 사회나 국가가 나서서 불가피한 욕구를 스스로 충족시킬 힘이 없는 이들의 고통을 최대한 줄일 수 있도록 실질적으로 지원할 수 있는 제도화된 안전장치를 마련해야 합니다. '사람 사는 세상'이란 바로 이렇듯 불가피한 욕구로 고통을 겪는 사람이 없는 사회라고 해석해도 무방할 듯합니다. 인간의 존엄은 불가피한 욕구의 즉각적이고 충분한 만족과 매우 긴밀하게 연결되어 있기 때문입니다.

반면에 불필요한 욕구는 개인적 차원이나 사회적 차원에서 줄이고 없앨수록 '사람 사는 세상'에, 자유롭고 평화가 충만한 세상에 가까워집니다. 그 욕구가 삶에 끼치는 영향력이 아무리 강해도 '본래' 불필요한 욕구는 말 그대로 삶에 '불필요한' 것일 뿐만 아니라 그런 욕구를 성이 찰 데까지 만족하려면 다른 사람에게, 그리고 자연과 생태계에 그만큼의 희생과 피해를 줄 수밖에 없기 때문입니다.

산림 지역이 전체 국토 면적에서 과반이 넘는 한국에서 멀쩡한 산을 깎고 잔디를 깔아 강한 독성 제초제를 살포해서 잔디를 관리하고, 그렇게 뿌려진 독성 강한 제초제는 다시 수돗물 상수원으로 흘러들어 우리가 마실 물의 오염을 희생으로 즐기는 골프를 '국민 스포츠'라는 반열에 올려놓은 마음이 그렇습니다. 미세먼지가 위험 수위를 넘어도 심각하게 넘었다고 아무리 호소해도, 생계 때문에 어쩔 수 없는 경우도 아니면서, 가까운 곳에 가더라도 자가용을 끌고 다니고 싶은 마음 또한 '불필요한 욕구'라고 생각합니다. 또한 사람이 먹는 식재료에 못된 장난질을 하면서까지 돈만 벌면 된다는 마음도 전혀 다르지 않겠지요. 잠깐만 둘러봐도 불필요한 욕구 사례는 셀 수 없을 정도로 넘쳐납니다.

사람 사는 세상, 그리고 인간뿐만 아니라 모든 생명이 존중받는 세상은 이런 불필요한 욕구가 줄어들고 사라지는 세상이라고 믿습니다. 불필요한 욕구는 다른 사람, 그리고 다른 생명체와 자연, 생태계의 희생을 비용으로 치러 충족되기 때문에 그런 욕구가 줄어들수록 개인적 차원이나 사회적 차원에서, 그리고 나아가 생태적 차원에서 그만큼 더 생명이 존중되고, 자연과 생태계의 지속 가능성이 커지는 세상이 될 테니 말입니다.

그래서 우리가 무의식적으로 안고 살아가는 많은 욕구들 중에서 불필요하거나 오염된 것들만 줄이고 없애는 것만으로도 검소한 수준의 소비력으로도 '지금, 이 순간' 각자의 행복을 키울 수 있습니다. 하지만 여기서 주의할 점이 있습니다. 불필요한 욕구를 줄여 행복을 키우는 방식이 잘못된 것은 전혀 아니지만 '소극적(negative)'이라는 사실입니다. 그러면 '적극적'으로 행복을 키우는 방식은 무엇일까요? 바로 삶에 대한 '자기 이유'를 가지고 살아가는 것입니다. 이 두 개념을 좀 더 잘 이해하기 위해 평화 개념을 비유해서 설명해보겠습니다.

인류 역사상 가장 오래되고 보편적인 평화관이라면 그것은 '팍스(pax)'일 것입니다. 그래서 '팍스 로마나(Pax Romana: 로마의 평화)' 같은 말은 평화에 전혀 관심 없는 사람들에게도 낯설지 않을 것입니다. 그런데 '팍스'는 정치적으로는 전쟁을 막기 위해 지배 체제를 공고하게 한다는 뜻이며, 군사적으로는 군대를 동원한 무력적 평정을 뜻합니다.

라틴어 팍스에 해당하는 헬라어로는 '에이레네(εἰρήνη)'가 있는데, 이는 민족 간 혹은 국가 간(당시 고대 희랍 세계에서는 폴리스라는 도시국가 사이) 전쟁 상태에서 일시적으로 벗어난 '평온한 시기'를 말하는데, 팍스나 에이레네처럼 갈등, 전쟁, 혹은 (무장된) 폭력의 부재 혹은 멈춤을 뜻하는 평화를 흔히 'negative peace'라고 합니다.

그런데 여기서 주의할 점은 영어 'negative'를 '부정적'으로 번역하면 안 된다는 사실입니다. 예를 들어, '소극적 자유'라는 개념은 있을 수 있어도 '부정적 자유'라는 개념은 성립하지 못하듯이 평화는 '소극적'인 수준 혹은 상태일 수는 있지만 '부정적'일 수는 없기 때문입니다. 어떤 유형 혹은 수준의 평화라도 속성상 '긍정적'이기 때문에 'negative peace'는 '소극적 평화'라고 번역하는 게 맞습니다.

그리고 이런 논리는 '자유' 개념에도 똑같이 적용되기 때문에 '긍정적 자유'라는 말은 동어 반복적 개념이 되고 맙니다. 자유란 본질에서 긍정적인 성격을 갖기 때문입니다. 그리고 여기에 더해 강조하고 싶은 말은, 자유의 반대 개념이 '부(不)자유'라고 보는 것은 매우 제한된 관점일 수 있다는 사실입니다. 신체가 구속된 상태도 물론 '부자유함'의 한 유형인 것은 분명하지만, '부자유함'이란 권리의 박탈이나 신체 구속보다 훨씬 포괄적인 개념이기 때문입니다.

자유함으로 온전히
사는 삶

무리 속에 파묻혀 있으면 마음이 편해지는 경험을 해본 적이 있나요? 무리 '안'에 있으면 벌어진 상황에 대해 개인적으로 책임질 일이 없으니 고민할 이유도, 사유할 필요도 없어서 그렇지 않을까 싶습니다. 하지만 무리 속의 삶이 허락하는 안락함을 대가로 치를 비용은 '자유함'이라는 사실을 잊어서는 안 됩니다.

일반적으로 불필요한 욕구를 줄이며 사는 삶의 자세는 '~을(를) 줄이거나 하지 않는다'는 의미에서 '소극적'이라고 말할 수 있는 반면에, 자기 결정으로 자기 이유를 갖고 살아가는 삶의 태도는 '~을(를) (적극적으로) 실천한다'라는 뜻을 함축하므로 속성상 '적극적'인 것입니다. 물론 사유하는 힘은 이

두 가지 삶의 양식 모두에 필요하다는 사실은 말할 필요가 없겠습니다.

진선진미(盡善盡美)라는 말이 있습니다. 목표의 올바름을 선(善)이라 하고, 목표에 도달하는 과정의 올바름을 미(美)라고 하며, 그래서 목표가 올바르지 않으면 수단, 과정의 전문성이 아무리 뛰어나도 목표에 이를 수 없고, 거꾸로 아무리 멋지고 올바른 목표를 세웠더라도 그 목표를 이룰 수단을 갖지 않으면 별 소용이 없다는 뜻을 함축한 말이 '진선진미'입니다. 그리고 진선진미를 자유 개념에 적용해보면, 자기 이유를 갖고 살아가는 삶이 목표(善)라면 온 힘을 다해 실제로 그 자유함을 사는 것만이 목표에 이르는 거의 유일한 길(美)이 된다고 말할 수 있을 것 같습니다. "그물에 걸리지 않는 바람처럼, 진흙에 피나 진흙에 더럽혀지지 않는 연꽃처럼" 자유함을 온몸으로 직접 살아야 '참자유인'으로서의 설레는 삶이 꽃필 수 있습니다. 평화는 어떻게 실현되냐고 사람들이 간디에게 묻습니다. 간디는 주저하지 않고 간명하게 "평화를 살라"고 대답했습니다. 그렇습니다. 세상의 평화는 우리가 일상에서 평화를 실천하며 살 때 비로소 실현될 가능성이 생깁니다.

진실로 불필요한 욕구를 줄여 가는 소극적 방식보다는 우리가 일상에서 자유함을 적극적으로 실천하며 살아갈 때, 깊은 어둠 뒤에 바짝 붙어 오는 새벽처럼 우리는 생명 존중의 참자유 세상, 사람이 사람으로서 대우받는 세상, 모든 생명이 존중받는 세상을 맞이할 수 있습니다. 그리고 이런 세상을 위한 교육론을 민중신학자이면서 교육학 박사로서 갈릴리교회와 한국신학대학교에서 목회자, 교수를 역임한 문동환 목사는 이렇게 설파했습니다.

교육학적 관심의 초점은 생명이다. 그리고 인간의 삶에 바람직한 변화를 가져오는 것을 그 과제로 삼고 있다. 따라서 언제나 삶을 주시한다. 그리고 역사를 주시한다. 무엇이 삶을 해치는지, 어떻게 해야 삶을 새롭게 할 수 있을지를 항상 추구한다. 성서의 관심도 역시 초점은 생명이다. (…) 생명을 창조하신 야훼의 관심사도 약자를 도와 정의와 평화가 강물처럼 흐르는 '생명문화공동체'를 이룩하는 것이다. 그러니까 성서를 읽는 과정에서도 무엇이 삶을 해치는 것인지, 어떻게 해야 삶을 새롭게 할 수 있을 것인지를 항상 추구해야 한다. 생명은 교육학과 성서의 공통된 관심사이다.

교육학에서는 삶에 변화를 초래하는 것을 경험이라고 본다. 삶을 해치는 것도, 삶을 재생시키고 피어나게 하는 것도 우리가 겪는 경험이다. 사람(生徒)을 돕는 길이란 사랑으로 삶을 깊이 있게 이해하고 수용하면서 행동과 말로써 이롭게 하는 일이다. 어떤 법과 제도를 설정해 놓고 그것을 절대화해 강요하는 것은 삶을 새롭게 할 수 없다. 율법의 무용화가 바로 그 까닭이다.

자기 이유를 품고
사는가

미국 인권 운동가 마틴 루서 킹 목사는 모든 인간은 피부 색깔과 관계없이 서로 평등하고 평화롭게 살 권리가 있다는 주장을 펴다가 암살당합니다. 그를 암살했던 패거리들이 그렇게 할 수밖에 없었던 결정적인 계기는 그가 암살당하기 열흘 전에 미국의 수도 한복판에서 한, "나에게는 꿈이 있습니다!"라는 그 유명한 연설이었던 것으로 알려져 있습니다.

그전까지만 해도 백인 인종 차별주의자들은 흑인 인권 운동 목사의 비폭력주의 평화운동이 미국 사회에 미칠 파괴력을 별로 심각하게 생각하지 않았습니다. 그러다 미시시피에서 시작된 평화 행진의 종착지인 링컨기념관과 워싱턴기념탑이 마주보는 광장을 흑인과 백인 할 것 없이 30만 명 이상의 미국 시민들이 운집해서 킹 목사의 연설을 경청하는 모습을 목격했고, 이대로 두면 킹 목사의 꿈이 모든 미국 시민의 꿈으로 퍼질 수도 있다는 두려움이 그들을 행동하게 했을 것입니다.

킹 목사가 암살된 직후, 만화평론가 빌 몰딘은 킹 목사보다 먼저 암살당했던 인도의 간디가 돗자리 위에 앉아 다정한 모습으로 킹 목사를 천국으로 안내하기 위해 기다리는 모습의 한 컷 만화 만평을 그립니다. 그리고 그 만화 만평에 이런 글귀를 써넣었습니다. "킹 목사, 암살자들의 참 희한한 점은 말이요, 그들이 당신을 죽였다고 생각한다는 거예요." 맞습니다. 사람의 신체는 테러할 수 있어도 공기처럼 세상에 퍼지는 킹 목사의 자유함의 정신을 죽일 방법은 세상 어디에도 없습니다.

한 사람을 위대하게 만드는 것은 결코 그 사람의 육체적 강건함이 아닙니다. 아무리 힘이 센 장사라도 모든 사람은 총칼 앞에 무력하기 그지없으며, 이 점에서는 킹 목사와 같은 위인들도 우리와 전혀 다를 바 없습니다. 암살당한 사람은 킹 목사이지만, 정작 그들이 죽이고 싶었던 것은 킹 목사의 꿈이 아니었을까 싶습니다. 자유를 향한 '나의 꿈'이 미국 시민들의 삶과 만나는 그런 꿈 말입니다. 홍세화의 말로 표현하면, '개인(흑인)의 자유'와 '(미국)사회 민주화'의 만남 가능성을 그 씨앗부터 암살하고 싶었을 것입니다.

각 개인의 자유로운 주체화와 사회 민주화는 줄탁동시(啐啄同時)의 줄탁(啐啄)의 관계라 할 수 있다. 병아리가 알 밖으로 나오기 위해 부리로 껍데기 안쪽을 쪼는 것이 '줄(啐)'이고, 어미 닭이 바깥에서 알을 쪼아 새끼의 부화를 도와주는 것이 '탁(啄)'이라고 할 때, 개인의 자유를 세우는 것은 줄(啐), 사회 민주화는 탁(啄)이라고 할 수 있다. 이때 병아리가 껍데기 안쪽을 쪼는 줄(啐)이 어미 닭의 탁(啄)에 우선한다는 점을 덧붙인다.

'줄탁의 관계'로 사회 민주화를 설명하는 접근이 매우 신선하다는 느낌입니다. 일반적으로 줄탁동시는 사람과 사람 사이, 특히 가르치는 자와 배우는 자 사이, 부모와 자녀 사이에 쓰는 고사성어인데, 이를 사회 민주화에 적용해서 그런 생각이 드는 것 같습니다.

그런데 사실 따지고 보면 이 두 가지가 다르지 않습니다. 탁(啄)을 사람에 대입하든 사회에 적용하든 결과는 세상의 변화로 귀결되니까 말이지요. 킹 목사의 외침(啐)이 시대를 잘

만났더라면(啄) 암살당할 일도 없었을 것이고, 미국 사회는 훨씬 이전에 평화 넘치는 세상이 되었을지도 모르겠습니다. 킹 목사의 죽음이 헛되다고 생각하는 사람은 아무도 없으리라 믿는데, 그것은 죽음 위협을 무릅쓰고 자유함을 절규한 킹 목사의 삶(啐)이 미국 사회를 생명 존중의 세상으로, 자유와 평화가 넘쳐흐르는 세상으로 이끄는 촛불(啄)이었기 때문입니다. 저 개인적으로는 줄탁동시를 '삶(啐)과 삶(啄)이 만나 또 다른 삶을, 세상을 만든다'라는 후자의 관점을 더 좋아하고, 그래서 후자의 의미로 줄탁동시를 가르쳐 왔습니다.

어느 한 사상 혹은 정신이 시대를 초월해 전승될 수 있으려면 그 사상이나 정신 자체의 위대함 혹은 탁월함만으로는 부족하며, 그 정신이나 사상을 공감하는(혹은 만나는) 사람들의 삶에서 그것이 재생산될 때 비로소 가능합니다. 어떤 사상이든 그 사상이나 정신이 다른 사람의 삶에서 공명할 때 비로소 그 정신의 위대성은 사회적인 생명을 얻는다고 생각합니다. 자유의 개념도 마찬가지입니다.

자유는 역사적으로 중요한 시기마다 총칼보다 강한 힘으로 작용해, 생명을 존중하는 인간다운 세상을 위한 투쟁을 승리로 만들어내는 원동력이었습니다. 간디가 이끈 인도의 독립과 마틴 루서 킹이 이끈 미국 흑인의 인권 투쟁, 그리고 귀족의 안락한 삶과 특권을 거부하고 자기 소유의 농노를 해방했던 톨스토이의 자유함의 삶이 그랬습니다.

"그리스도가 정신과 동기를 부여하고, 간디가 그 방법을 제공했다." 이는 킹 목사가 한 말로, 사실 자유 개념은 킹 목사의 기독교에서 전하는 복음 중 첫 번째(진리가 너희를 자유케 하리라)이니, 간디와의 만남 이전에 킹 목사 내면에 이미 삶의 원칙으로 내재화되어 있었다고 보는 것이 맞을 것 같습니다. 그러면 킹 목사가 간디에게서 배우고자 했던 것은 무엇일까요? 그것은 자유가 우리 삶에 갖는 의미를 좀 더 풍요롭게 하기보다는, 자유 개념을 실제로 자신의 삶에 적용하며 살아가는 힘을, 간디의 자유함의 길을 '순례'하면서 자기가 순응해야 할 그 외롭고 위험한 길을 외면하지 않고 자신의 길로 받아들일 수 있는 용기를 배우고 싶었던 것은 아닐까 추측해봅니다. 실제로 킹 목사가 간디를 만나러 인도에 갈 때 '순례길'을 떠난다고 하기도 했으니 말입니다.

스승의 말씀을
다시 생각한다

나는 아직도 여러 가지로 많이 부족한 사람이지만, 어쨌든 지금의 나를 있게 해주신 스승의 연구실에서 조교로 활동할 때의 일이었습니다. 스승께서 정년으로 퇴임하시기 전 마지막 5년을 모셨는데, 연구실을 완전히 정리하기 이틀 전에 "고 군, 할 말이 있네" 하시면서 차나 한잔하자고 하셨습니다. 연구실 가운데 놓인 탁자에 마주앉아 녹차를 따라 주시며 두 가지 말씀도 함께 건네주셨는데, 그중 하나가 "인생의 길을 추하지 않게 걸어가려면 마음에 스승을 모시고 살아가게나"였습니다. 당신께서 짧지 않은 삶을 살아오면서 수많은 우여곡절이 있었고, 그중에는 감당하기 힘들어 삶이 꺾일 뻔했던 적도 있었다고 하셨습니다. 그리고 무엇보다 자식 문제가 관여

되면 넘어지기 쉬운 법이니 특히 조심하라는 말씀도 덧붙이셨습니다.

지금 와서 생각해보면 내가 쌓아 온 전문지식도 나름 헌신해온 어떤 이념이나 사상도 아니었고, '스승의 존재'였던 것 같네. 내가 이 순간에 사는 방식을 더럽히면 결국 나의 스승에게 욕되는 것이겠지 싶고, 그것이 감당하기 힘든 고비 때마다 쓰러지지 않도록 나를 지켜준 힘이었던 것 같네. 그러니 자네도 마음에 스승을 꼭 모시고 살아가게나.

스승께서는 학문적으로는 페스탈로치 전문가이셨지만, 그분의 삶을 지탱해준 스승은 김교신 선생이셨습니다. 스승께서는 연구실의 당신 책상이 맞닿은 벽 한가운데에 모셔진 김교신 선생님 사진을 보면서 그 숱한 유혹과 어려움으로부터 당신의 '교육자다움'을 지키시는 모습을 옆에서 지켜보았습니다. 당신의 스승에게서 발견하고, 배웠고, 의지하기도 했던 그 교육자다움을 다시 우리 제자들에게 '본(本) 됨'의 방식으로 대물림하셨습니다.

킹 목사와 간디의 만남, 간디와 톨스토이의 만남, 이들과 우리나라의 유영모, 함석헌, 김교신 선생님의 만남, 그리고 김교신 선생님과 나의 스승의 만남. 이렇게 자기 이유를 가진 삶으로 다른 삶을, 그리고 세상을 바꾼 정신, 영혼의 계보학은 이 세상이 생명 존중의 세상, 자유와 평화 넘치는 세상, 사람 사는 세상으로 진화해온 역사와 평행의 궤도를 이룹니다. 삶과 삶이 만나 '좋은 삶'을 만들고, 그런 좋은 삶들의 만남이 또 다른 만남을 만들면서 세상은 좀 더 나은, 상식이 상식으로 통하는 세상으로 진화해왔음을 저는 경험했고, 그래서 '좋은 삶'과의 만남이 지닌 의미와 힘을 가슴 깊이 받아들이게 되었습니다.

6장

아름다운

소풍

마치고

늙음과 나이듦의
차이

'노인'의 삶과 특성에 관해 연구하고 성찰해야 하는 가장 중요한 이유는 무엇보다 나의 노후(老後)를 설계하고 준비하는 시작점이기 때문입니다. '노인'을 한자로 '老人'으로 쓰는데, 단어의 사전적 뜻을 그대로 옮기면 '늙은〔老〕이〔人〕'라고 풀이됩니다. 한국 사회에서는 '나이든 사람'을 하대하는 마음을 숨기지 않을 때 쓰는 단어가 '늙은이'이고, '노인'이라는 표현을 썼다고 해도 그 말속에 아무런 존경의 마음이 담기지 않게 된 지는 이미 오래된 것 같습니다.

그런데 좀 더 전문적인 연구가 필요하겠지만, 경험적으로 보면 '노'(老)라는 한자어는 사전에서 설명하고 있는 '늙고 쇠한, 낡아 빠진'과 같은 부정적 의미만이 아니라 '존경'을 담고

자 할 때도 사용되기도 합니다. 예를 들어 '노포(老鋪)'라는 용어는 '대대로 내려오는 오래된 가업 혹은 기업'이라는 사전적 의미를 넘어 '존경할 만하다'라는 사회적 평가를 담고 있습니다. '노포'는 개업한 지 오래되었다는 뜻과는 전혀 무관하게 역사가 짧더라도 '좋은', '존경할 만한' 정신과 자세로 운영되는 가게나 기업, 음식점, 점포 등에도 붙여지는데, 이는 '사람'에게도 마찬가지로 적용될 수 있습니다.

'노포'가 '좋은 기업 혹은 점포'를 뜻하듯이 '노인'이라는 말 속에는 '늙고 쇠한 사람'보다는 '존경할 만한 어른'이라는 뜻이 담기는 게 맞는다고 생각합니다. 그리고 이런 관점에서 '노인'이 된다는 것을 단지 생물학적 의미에서의 신체의 쇠락이라는 뜻으로만 해석하지 않도록 주의할 필요가 있습니다. 생물학적으로 늙는 것은 굳이 노력하지 않아도 누구라도 저절로 그렇게 되는 것이지만, 품위 있는 노년과 좋은 죽음을 맞기 위해서는 누구라도 배우고 준비하고 '채비'를 갖춰야 합니다.

아무튼 '노인의 삶'에 관한 성찰은 고령자가 맞닥뜨릴 신체적·경제적·인간관계 차원에서의 상황 변화에 대비하는 데만 치우쳐서는 안 되고, 궁극적으로는 나이가 들수록 '좋은, 아름다운, 존경할 만한' 노후 생활을 실천하고 유지하는 데 필요한 에너지를 늘 충전하는 '채비'도 갖춰야 합니다. 고대 로마의 철학자 세네카의 "'시간=인생'이라는 등식은 맞지 않는다"라는 말도 같은 이야기를 하는 게 아닐까 싶습니다.

흰머리와 주름살이 있다고 해서 그 사람이 오래 살았다고 볼 까닭이 없습니다. 그는 오래 산 게 아니라 존재했을 뿐이에요. 어떤 사람이 항구를 떠나자마자 사나운 폭풍에 발목이 잡히고 사방팔방에서 불어오는 거센 돌풍 탓에 똑같은 항로를 빙빙 돌기만 했다면 과연 그가 항해를 오래 했다고 말할 수 있을까? 그는 항해를 오래 한 게 아니라 한참을 이리저리 밀려다녔을 뿐입니다.

거센 돌풍이 불 때마다 짧은 이번 생애 항로를 이탈해서 빙빙 돌기만 하다가 나이만 들어가고, 또 그렇게 늙어가다가 삶을 마감 '당하는' 삶을 살지 않으려면 젊을 때부터 '나이듦과 죽음 채비'를 잘하는 게 정말 중요합니다. 프랑스 몽트뢰유에 '여성의 집'을 설립하고, 나이 많은 여성들을 위한 요양원인 '바바야가(Baba Yaga, 슬라브 신화에 등장하는 마녀라는 뜻)의 집'을 설립했으며, 노년에 관한 모든 지식을 전수하는 시민대학을 창립한 페미니스트 테레즈 클레르는 성숙한 나이에 이르러서야 자신의 '진짜' 삶에 눈떴다고 했는데, 그저 세월이 흘러 나이가 들면서 자연스럽게 변화가 생긴 게 아니라, 제대로 나이들기 위해 적극적으로 채비를 갖추려고 노력했기에 이런 삶의 변화를 만들 수 있다고 믿습니다.

흔히들 나이를 '먹는다'라고 말한다. 우리는 내재적으로 우리를 변화시킬 수 없다고 생각하는 이 시간의 흐름 속에서 언제나 자기 자신이라고 믿고서 삶을 연속적으로 갈아가길 바란다. 그렇지만 아주 멍청하지 않고서야 모를 수 없다. 우리가 내일이나 모레 죽는다고 생각하지 않더라도 우리 삶의 무한을-우리가 스무 살 때는 결코 생각하지 못하는-오래전에 단념했다는 사실을. 우리는 생명력을 고스란히 간직하고 있다. 우리는 살아 있다. 어떤 이들은 좋아하지 않겠지만 우리는 아직 살아 있다. 노년은 과거에 존재했다는 뜻이 아니라 아직 존재한다는 뜻이고, 변화이다. 절실히.

나이 감각과
나이 관념

앞에서 인용한 세네카와 테레즈 클레르의 이야기가 실린, 프랑스의 현실과 다양한 문화적 분야를 통해 노년을 연구한 로르 아들레르의 책 《노년 끌어안기》에 '나이 감각'과 '나이 관념'에 관한 설명이 나옵니다.

로르 아들레르가 말하는 '나이 감각'은 한마디로 "우리는 같은 날에도 여러 나이를 지닐 수 있다"라고 설명할 수 있겠습니다. 여러분도 지금보다 젊었을 때라도 스스로 나이들었다고 느낀 적이 있었지요? 그리고 거꾸로 노인 중에서도 호적상의 나이는 들었지만, 스스로 느끼는 현실 나이는 그렇게 늙지는 않았다고 생각하는 사람을 주변에서 자주 볼 수 있고요. 이렇듯 살아온 세월의 길고 짧음이 스스로 느끼는 나이를 규정하는 게 아니라는 것이 '나이 감각'의 핵심적인 내용입니다.

반면, 로르 아들레르가 말하는 '나이 관념'은 자기 나이를 '주관적'으로 인식하는 것이 아니라 노년에 이르러 자기 '나이에 어울리는 삶'을 살 수 있는가에 방점이 찍힌 것 같습니다.

우리 각자의 삶에는 일종의 눈금 매겨진 경로가 있다. 만사의 흐름을 앞당기지도 않고 늦추지도 않고 잘 활용하는 건 우리의 몫이다. 노년에 이르면 제 리듬을 선택할 술 알아야 하고, 이미 많이 살았고 추억을 많이 저장해서 우리 하드디스크의 저장용량이 무한하지 않음을 고려할 줄도 알아야 한다. 따라서 이 세상을 떠날 생각을 해야 할 것이다. 공연히 법석 떨 것 없다. 어떻게든 셈은 제대로 이루어질 테고, 삶의 피로가 우리 안에서 선호를 보낼 것이다. 더는 죽고 싶지 않을 정도로 살고 싶은 욕구가 일지는 않을 것이다.

"노년에 이르면 제 리듬을 선택할 줄 알아야" 하는 것이 로르 아들레르가 말하는 '나이 관념'의 핵심 개념이라고 할 수 있는데, '제 리듬을 선택할 줄 아는' 것이 어디 말처럼 쉬운 일인가요. 자기 삶의 리듬을 잘 타면서 나이가 들어가려면 로르 아들레르는 "노화를 거부하지 말아야 하고, 그것에 익숙해지지 말아야 할 것이다"라고 조언합니다. 흔히 '나잇값'을 한다느니 못 한다느니 하는 것도 결국 '나이 감각'이 아니라 바로 이 '나이 관념'이 결정짓는 것이겠지요.

기자 출신의 노후 연구자 박중언은 노후의 건강함과 편안함을 넘어 '자유로운 삶'에 이르는 것이야말로 '슬기로운 노후 생활'의 궁극적 목표라고 하면서 이를 위해 '나답게 나이듦'이 정말로 중요하다고 강조했는데, 이는 '나이 관념'과 비슷한 개념이 아닐까 싶습니다.

노후의 자유라는 것은 '나답게 나이듦'을 말한다. 어릴 때부터 대체로 짜인 틀 안에서, 다른 사람의 눈을 잣대 삼아, 세파에 휘둘려 개성을 잃고 살아온 나의 진짜 모습을 뒤늦게 찾는 것이다. (…) 인생 2라운드로 접어드는 지금이라도 마음의 소리에 귀를 기울여 가장 만족할 만한 삶을 사는 것을 말한다. (…) 나답게 하는 것은 있는 그대로의 나를 긍정할 때 가능하다. (…) 모자라면 모자란 대로 '그래 이게 나야' 하고 받아들이는 것이 나다움이다. (…) 나답다는 것은 결국 내 생각과 바람, 내가 추구하는 가치에 따른 삶을 말한다. 고상하게 표현하면, 자아실현이다. 화려한 청춘기나 인생의 절정기라야 할 수 있는 게 아니다. 교과서에서나 보던 이 단어를 내 삶에 들어올 수 있는 마지막 기회가 바로 노후다. (…) 나이를 먹어 좋은 것은 마음먹기에 따라 나를 구속해온 게 무엇이든 미련 없이 벗어던질 수 있다는 점이다. (…) 자신다운 나이듦을 찾기를 바란다. 그것이 인생의 마지막 순간에 '나는 왜 이렇게밖에 살지 못했는지 모르겠다'라고 후회하지 않은 가장 확실한 길이다.

노년기에 대한 '세대론적' 오해나 편견과 다르게, 기존의 성격이나 삶을 변화시켜 자아실현으로 나아가는 일은 '화려한 청춘기나 인생의 절정기'에만 경험할 수 있는 것이 아니라 전 생애에 걸쳐 찾아야 하는 게 '나다움'이며, 이를 위해서는 노년이라는 시기는 "마음먹기에 따라 나를 구속해온 게 무엇이든 미련 없이 벗어던질 수 있다"라는 장점이 있어서, '나다운 삶'과 관련해서는 한계 요인이 아니라 오히려 기회 요인일 수 있다는 생각이 참 흥미롭습니다.

저도 삶을 마감할 때 '그래도 괜찮은 삶을 살았잖아. 너도 괜찮은 사람이었어'라는 말을 저 자신에게 해줄 수 있다면, 그리고 그런 식으로 이번 생에서 '유종의 미'를 거둘 수 있다면 얼마나 좋을까요.

사실 인간이 발현할 수 있는 아름다움은 다양합니다. 우선,

사람의 몸 자체가 주는 아름다움인 신체미 혹은 육체미가 있습니다. 몸의 아름다움은 어린 생명일수록 더 돋보여, 새 생명이 탄생하면 모두가 그 생명의 존재함(몸을 입음) 그 자체에 조건 없이 기뻐하고 축하합니다. 하지만 몸, 신체가 주는 아름다움은 청년기에 최고점을 찍고 자연스럽게 꺾입니다. 대신 신체미, 육체미가 점차 흐릿해짐에 따라 다양한 아름다움이 새롭게 발현되기 시작하는데, 슬기롭고 총명한 아름다움(지혜미), 과도하거나 불필요한 욕심을 절제하는 아름다움(절제미), 남을 배려하며 함께 살아가는 아름다움(배려미), 생태와 사회의 지속성에 해가 되지 않는 삶의 아름다움(검소미), 심지어 입는 옷이 주는 아름다움(의복미)이 그 예입니다.

이처럼 사람이 나이가 들어간다는 것은 신체미 혹은 육체미와는 다른 아름다움을 더해간다는 긍정적인 뜻으로 해석할 수 있음에도 의외로 많은 사람이 자기 몸의 생물학적 나이 듦에 대해 많이들 힘들어하고, 심지어 부정하려고 안간힘 쓰는 사례를 종종 경험합니다. 로르 아들레르의 '나이 감각' 언어로 바꿔 말하면 자기의 신체 나이를 젊게 생각하려는 강박관념이 매우 강한 현실이라고 할 수 있을까요? 아무튼 참 안타까운 일입니다.

20~30대를 지나 40~50대에 접어들면 이제 인생이 끝나는

것이 아니라 젊었을 때는 엄두를 내지 못했던 또 다른 아름다움의 향기가 피어나는 연령대에 들어선다는 것이며, 그래서 노년은 '내 인생의 나락'이 아니라 '나다운 삶'이 비로소 활짝 꽃피기 시작한 '내 인생의 황금기'일 수 있음을 깨달아야 하겠습니다. 물론 노년이 인생의 황금기가 되게 하려면 몸, 신체의 아름다움이 수그러드는 그 여백을 지혜미나 절제미, 배려미 등 앞에서 언급한 여러 가지 아름다움으로 채워가는 준비와 노력을 꾸준히 해야 합니다. 나이가 들수록 특히 더 노력을 기울여야 할 아름다움이 하나 있는데, '끝마침의 아름다움'이 바로 그것입니다.

'끝마침의 아름다움', 즉 유종의 미는 삶의 전 과정에서 나타나는 다른 많은 아름다움의 총합일 뿐만 아니라 죽음 이후의 삶(사후생)의 시작이라는 점에서 그 의미가 남다릅니다. 그런데 '유종의 미'를 거둘 수 있게 하는 가능성은 결국 '남아 있는 삶의 시간'에서 뿐일 텐데, 언제 죽을지 모르는 그 귀한 하루를 오늘 살고 있다는 마음가짐으로 하루하루를 살아가라는 경구는 바로 이런 삶의 깨달음 혹은 지혜를 담았을 것으로 믿습니다. 실로, '흙으로 돌아가는 길을 잃지 않겠다'라는 마음으로 남은 삶을 사는 것, 이것이 매일매일 '지금, 이 순간' 저의 가장 절실한 기도입니다.

비로소 보이기
시작한 것들

윤리적·도덕적 관점에서 사람을 평가하면 크게 '된 사람', '덜된 사람', '못된 사람' 등 세 부류로 나눌 수 있습니다. 어떤 사람이 인품이 출중하고 언행이 올곧을 때 그 사람에 대해서 '사람이 됐다'라고 말합니다. 그리고 '사람이 그만하면 됐지, 뭐'라고 하기에는 좀 부족한 사람을 일컬어 '덜된 사람'이라고 하며, '못된 사람'은 말 그대로 '사람답다'라고 말하기에는 여러 가지 면에서 참 많이 부족한 수준의 생활을 하는 사람이라고 할 수 있습니다. 그래서 어떤 '나쁜 사람'이 있다면, 그 사람은 큰 틀에서 '못된 사람' 범주에 속한다고 봐도 무방하지만, 거꾸로 '못된 사람'이 곧 '나쁜 사람'을 뜻하는 게 아니라는 사실에 주의해야 합니다. 현실에서는 '못된 사람'과 '나쁜 사람'

을 구별하지 않고 혼용해서 쓰고 있지만 말이지요.

당연한 말이지만, 처음부터 '된 사람'으로 태어난 사람은 없습니다. 누군가 '당신은 이번 생애에서 어제와 전혀 다르지 않은 내일을 매일매일 반복할 거라면 그런데도 살아야 하는 이유가 무엇인가'라고 묻는다면, 저는 '인간다움', '사람다움'의 요소를 아직은 전혀 갖추지 못한 '원석'으로 태어나서 '못된 사람'에서 '덜된 사람'을 거쳐 점차 '사람답게, 어른답게' 정신적·영혼적으로 성장하는 것이 제가 '지금, 이 순간'을 살아내는 존재 이유라고 대답하겠습니다.

매일매일 한 뼘씩이라도 성장하며, 그리고 좀 더 큰 사랑을 나누기 위해 노력하며 살아간다면 어제 살았던 삶과 내일의 삶이 절대 똑같을 수가 없습니다. '변화'야말로 모든 생명체의 존재 방식의 본질이며, 이런 변화가 좀 더 나은 방향으로 진행되는 것을 삶의 성장, 영혼의 성장이라고 말하는 것입니다. 그리고 영혼이, 삶이 성장하는 삶을 살아가다 보면 나이가 들면서 보이기 시작하는 것들이 생겨날 것입니다. 예전에 보이지 않았던, 그런데 나이가 들면서 보이기 시작한 개인적인 '깨달음'의 몇 가지를 소개하면 다음과 같습니다.

첫째, "부모-자녀 관계에서, 부모가 자녀의 독립심을 길러주는 일보다 자녀로부터 부모의 독립이 더 시급하다."

흔히 사람들은 부모가 자녀를 키운다고 하지만, 제 경우를 보면, 좋은 부모가 되기 위한 준비도 없이 생물학적 부모가 되었고, '된 사람', '어른다움'에 한없이 부족한 상태에서, 그리고 부끄럽지만 제 감정이 자주 변덕스러웠지만 스스로 거르지 않고 제 기분을 자녀에게 그대로 투사하고 전이했던 잘못을 숱하게 저질렀음을 고백합니다. 물론 저의 부족함과 미숙함을 전체 부모로 일반화하는 데에는 조심해야 하겠지만, 경험적으로 이런 개인적인 고백에 많은 사람이 공감하는 걸 보면, 아마도 저만의 '아픈 기억'은 아닌 것 같습니다.

지금에 와서 생각해보면, 부모를 성장하게 하는 참 중요한 역할을 하는 사람이 바로 자녀인 것 같습니다. 결혼하고 아이를 낳고 지금껏 살아오면서 우리 부부가 자녀에게 좋은 세상, 설레는 현실로 경험되었는지는 부끄럽게도 자신이 없지만, 거꾸로 자녀가 우리 부부가 성장할 수 있는 매우 중요한 기회 혹은 계기를 여러 차례 제공한 것은 분명한 것 같습니다. 그래서 저는 부모를 대상으로 하는 강연에서 우스갯소리로 "자녀는 전생에 부모의 큰 스승이었습니다"라고 말하곤 합니다.

둘째, "유언장을 쓸 필요가 없는 삶을 살자!"

유언장에는 허접한 이야기가 아니라 유언장 작성자가 유족에게 남기고 싶은 가장 중요한 내용이 담깁니다. 그런데 그렇게 중요한 이야기를 삶을 마감한 후에야 유족에게 확인하라는 것이 과연 합리적일까요? 제 말은 '유언장을 쓰지 말자'라는 데 방점을 찍는 게 아니라, 유족에게 꼭 남기고 싶은 이야기는 평소에, 그리고 서로 진솔하게 나누며 살아가자고 제안하고 싶은 것입니다.

유언장과 관련해서는, 저도 유언장을 미리 써보는 것은 전혀 문제가 되지 않을 뿐만 아니라 삶의 끝자락 이전의 삶에도 매우 긍정적인 영향을 준다고 생각합니다. 다만 유언장을 쓰더라도 일회적이 아니라 정기적으로 혹은 중요한 계기가 있을 때마다 새롭게 수정하는 작업을 꾸준히 하는 게 중요하다는 말씀을 드리고 싶습니다. 삶의 깊이가 깊어질수록 이전에 쓴 유언장의 내용이 달라질 수밖에 없을 테니까요.

그리고 한 가지 더 덧붙이고 싶은 제안은, 유언장을 공적으로 관리하는 제도를 도입하자는 것입니다. 유언장을 미리 작성하더라도 작성자가 임종 전에 인지저하증 증상을 보인다든지 본인의 의사를 분명하게 밝힐 수 없는 상태에서 죽음을 맞이하게 되면 유산 처리 문제 등 유언장 내용이 유가족 내에 심각한 분란을 일으키거나 법적 소송에 이르는 경우가 종종 있습니다. 그래서 유언장이 실질적 효력을 발휘하기 위해서는 유언장을 공적 제도에 등록해서 작성자의 의도가 사후에도 존중되는 체제를 마련하는 게 필요하다고 생각합니다.

셋째, "모든 일은, 모든 과정은 그 순간, 그 자체로 완결성, 완벽성을 갖는다."

살면서 우리 모두 크고 작은 실존적 문제를 겪습니다. 그리고 어떤 문제는 감당하기 힘들 정도로 영향을 끼쳐 흥분을 절제하지 못하고 격앙되거나 정신적으로, 신체적으로 주저앉을 정도로 무너지기도 합니다. 그런데 이전에 내 삶을 심각하게 흔들었던 문제들을 나이가 들어 돌이켜보니 그때 그렇게 흥분하거나 화내거나 좌절할 일도 아니지 않았나 하는 느낌이 들 때가 많았습니다.

사실 그 순간에 그 상황에 매몰되지만 않는다면, 그 상황에서 한발 비켜서기만 하면 아무리 힘들고 대응하기 어려운 일들도 내 마음속에 담지 않고 흘러 지나가게 할 수 있고, 그렇게 해서 나중에 생각해보면 그때 내가 알 수 없는 많은 이유와 원인이 작동해서 그때 그렇게 일이 진행될 수밖에 없었겠다 하는 깨달음을 얻습니다. 그 순간에 매몰되어 그 상황을 지옥으로 만들어 나를 가두는 일이 없게 하는 것, 나이가 들면서 보이기 시작한 삶의 지혜입니다.

7장

좋은

죽음을

위한

채비

죽음 곁에서
휘게한 삶

죽음의 반대말 혹은 대립하는 개념어는 무엇일까요? 대개는 '삶'이 먼저 떠오를 것입니다. 반은 맞고 반은 틀린 말입니다. "개똥밭에 굴러도 저승보다는 이승이 낫다"라는 말을 들어본 적이 있지요? 이는 삶과 죽음을 대립 관계로 보면서 죽음보다는 아무리 힘들어도 살아있는 게 더 낫다는 것을 비유적으로 표현한 것이지요. 그런데 생물학적 관점에서 보면 죽음의 반대말은 '태어남'으로 봐야 하지 않을까요? 그러니까 태어나서 죽을 때까지의 일련의 과정이 삶인 것이며, 이런 관점에서 보면 죽음에 관한 성찰은 결국 삶을 위한 것이 됩니다. 서구의 많은 나라에서 초등학교 저학년부터 동네에 있는 공동묘지에서 죽음에 관한 프로젝트 수업을 진행하는 것도 바로 이런 맥락에서 이해될 수 있는데, 덴마크 공립학교에서 진행하는 죽음 교육이 그 대표적인 사례입니다.

덴마크 사회가 지난 40년 넘게 행복 지수 세계 최상위권을 유지하는 데 가장 크게 이바지한 것이 덴마크 학교 교육이라는 건 이미 널리 알려진 사실입니다. 덴마크에서 육아와 학교 교육의 핵심 목표가 '휘게(hygge)한 삶'입니다. '휘게'라는 말은 쓰임새가 매우 폭넓을 뿐만 아니라 섬세한 뉘앙스 차이를 구별해내기가 쉽지 않아서 타고난 덴마크 사람이 아니라면 제대로 쓰고 이해하는 게 거의 불가능할 정도라고들 합니다. '휘게'를 번역할 외국어 단어를 찾기 어려운 것도 같은 이유이기도 한데, 예를 들어 정답고 아늑한 느낌을 주는 물건에 대해서 '휘게 같은 물건'이라고 쓰기도 하고, 정이 가는 사람을 '휘게로운 사람'이라고 부르기도 하며, 다른 사람들과 함께 지내는 시간에 쓰는 휘게는 느긋하게 함께 어울린다는 뜻으로 쓰이기도 합니다. 그리고 이런 '휘게한 삶'을 위한 덴마크 학교 교육과정의 다섯 가지 핵심 가치 중의 하나로 '진솔함 (죽음)'이 포함되어 있습니다.

덴마크 공립학교에서는 죽음에 관해 이야기하는 것을 마치 공원을 산책하는 것처럼 매우 자연스럽게 여기며, 방금 앞에서 말씀드린 바와 같이 초등학교 저학년 학생들과 함께 공동묘지를 산책하면서 프로젝트식 수업을 진행하기도 합니다. 가족이나 친지의 장례식에 참석했던 경험을 통해 공동묘지가 어떤 곳인지 이미 잘 알고 있는 아이도 많은데, 그곳에서 무엇을 보고 들었든 간에 아이들은 모두 자기가 보고 들은 것을 함께 이야기 나누기를 원하고, 궁금했던 질문도 하고 싶어합니다. 교사는 학생들과 장례식을 어떻게 하는지, 장례 의식은 어떻게 변해왔는지, 죽음을 앞둔 사람을 위한 의식으로는 어떤 것들이 있는지, 그리고 공동묘지는 어떤 역할을 하는 곳인지 등을 함께 탐구해보고, 또 '내가 원하는 장례식'에 대해서도 이야기 나누는 시간을 갖기도 합니다.

여기서 중요한 점은, 죽음을 주제로 하는 수업 활동의 궁극적인 목표가 '좋은 죽음(well-dead)과 죽어감(well-dying)'을 다각적으로 이해할 힘을 아이들에게 어릴 때부터 길러주는 것으로, 이는 죽음 교육은 궁극적으로 '좋은 삶(well-being)'을 위한 교육으로 연결되게 하는 인식에 기초하고 있다는 사실입니다. 그리고 같은 이유로, 초등학교 저학년이라는 어린 나이에서부터 죽음을 주제로 한 수업 활동은 덴마크만이 아니라 유럽의 많은 국가에서 진즉부터 실시해오고 있는 것이고요.

반면에 한국의 경우, 교육 영역에서는 말할 것도 없고 사회적으로도 죽음을 언급하는 것 자체를 금기시하는 경향성이 매우 강합니다. 엘리베이터에서 4층을 아라비아 숫자 '4'를 'F'로 바꾼 건물이 무척 많은 것도 모두 죽음을 바라보는 사회적 인식이 어떤 수준인지를 대표적으로 보여주는 것이겠지요. 아무튼 한국 교육도, 초고령사회에 진입한 한국 사회도 좋은 삶을 위한 지혜를 얻으려면 좋은 죽음이 삶에 주는 의미를 깨달아야 한다는 사실을, 그리고 죽음에 관해서 이야기하는 것은 자신과 타인을 연결해줄 뿐만 아니라 스스로 '내 마음속 더 깊은 곳'에 가닿는 데 도움을 준다는 사실을 깨닫는 사회적 인식 전환이 시급합니다.

좋은 죽음
채비 교육

이 세상에서 혹은 좀 더 확대해서 온 우주에서 '유일존재'에 대해서는 이름이 붙지 않습니다. 여기서 '유일한 존재'라 함은 다른 무엇과도 쌍을 이루거나 혹은 그것과 동격의 어떤 것들이 복수로 존재하지 않는다는 뜻으로 썼습니다. 예를 들어, 음은 양과 쌍을 이룰 때 자기의 정체성을 가질 수 있으며, 동쪽이라는 방향은 서쪽, 남쪽, 북쪽과 함께할 때만 비로소 그 존재의 의미가 실현되는 것입니다. 남성과 여성도 마찬가지 관계에 놓여 있습니다. 서로는 상대 쪽을 보완하고 완성하는, 즉 상보적으로 관계를 맺을 때 자신을, 그리고 서로의 본성을 비추고 드러낼 수 있습니다.

반면에 신은 그 자체가 유일한 존재이기 때문에 이런 논리가 적용되지 않습니다. 물론 종교가 다양한 그만큼 다양한 신이 복수로 존재한다고 말할 수도 있겠지만, 아무리 자기가 믿는 신앙과 다른 타 종교를 존중한다고 해도 타 종교를 인정하는 것과 자기 신앙은 별개의 문제이며, 따라서 자기 종교에서의 신은 다른 종교의 신들과는 동격이 아니고, 따라서 자신이 따르는 종교 안에서는 신은 언제나 유일존재일 수밖에 없습니다. 다양한 민족 신화에 등장하는 수많은 신이나 혹은 다신교에서의 신들에게 이름이 붙여진 것은 각각의 신들이 가진 특기나 보유한 신력에서 서로 구별될지언정 그런 신들은 본질에서는 동격이라서 복수로 존재할 수 있는 것이며, 그래서 그런 신들은 이름을 가질 수 있습니다.

이렇게 뜬금없이 신 이야기를 꺼낸 것은 웰빙, 웰다잉, 웰데드도 같은 관점으로 봐야 한다고 말씀드리려고 한 것입니다. 웰빙은 웰다잉, 웰데드와 함께 성찰될 때 비로소 웰빙의 의미도 온전하게 실현될 수 있습니다. 얼핏 웰빙은 웰다잉이나 웰데드와 함께 하지 않더라도 자기 내용을 가질 수 있어 보이지만, 웰다잉, 웰데드와 함께 성찰하지 않고서는 웰빙의 깊은 본질에 이르는 이해는 가능하지 않을 것입니다.

자살률이 세계 최고 수준인 한국에서 많은 사람이 이제라도 웰빙이나 워라밸이라는 말에 익숙해진 건 그나마 다행이라고 할 수 있지만, 웰빙을 '신체적 건강'이나 '물리적 환경', 혹은 '경제적 수준'이라는 틀 안에서 이해하는 경향이 강하다는 문제점은 여전히 남아 있습니다. 그리고 이런 문제는 방금 앞에서도 지적한 것처럼 웰빙(좋은 삶 살기)을 웰다잉(좋은 임종 채비), 웰데드(좋은 죽음 채비)와 함께 관련지어 성찰하지 않고 각각 별개로 떼어내서 다루는 데에서 비롯되었다고 생각합니다.

죽음학, 사망학에서 대표적인 학자로 일본 조치대학교 교수를 역임한 알폰스 디켄과 호스피스 운동의 선구자이며 20세기를 대표하는 정신의학자로 평가받는 엘리자베스 퀴블러 로스가 있습니다. 알폰스 디켄은 죽음에 대해 수동적·소극적으로 대응함으로써 절망과 무기력에 빠지지 말고 능동적·적극적으로 받아들임으로써 인간적으로 성장하는 기회 혹은 인생의 도전으로 삼아야 한다고 하면서, 죽음을 앞둔 노년이든 죽음과는 아직 거리가 먼 어린아이이든 삶과 죽음에 관해 성찰하는 시간을 갖는 것은 언제든 중요함을 강조했습니다.

엘리자베스 퀴블러 로스도 아이들에게 굳이 죽음을 금기시할 필요가 없음을 강조했습니다. 어린아이라고 해도 죽어가는 환자가 있는 집에 함께 머물면서 그 집에서 일어나는 모든 대화와 토론, 그리고 설혹 있을 수 있는 두려움에서조차 소외되지 않으면 자기들도 가족 일원으로 의무와 애도에 동참할 수 있다는 사실에 스스로 위안을 얻을 수 있을 뿐만 아니라 자기 나름의 슬픔이 혼자만의 것이 아님을 느끼는 기회가 될 수도 있다는 이유에서입니다. 아무리 어린 나이라고 해도 '죽음'에 대해서 제대로 경험하고 그에 대한 감정을 정확하게 표현할 수 있는 게 중요한데, 그 이유를 《죽음, 지속의 사라짐》의 저자 최은주는 자신의 경험을 통해 이렇게 설명했습니다.

나는 할아버지의 시체를 끝내 보지 못했다. 어른들은 어린 내가 주검을 마주하는 것이 바람직하지 않다고 생각한 것 같다. 그러나 어린 내가 죽음을 인식하지 못했던 것은 아니다. 그것은 무서운 느낌이라기보다는 어제까지 방에 계시던 할아버지의 부재에 대한 상실감이었다. 할아버지와 아주 가까운 사이는 아니었지만 더는 매일 문안 인사를 드릴 수 없다는 것도, 영원한 작별 인사를 하지 못한 것도 어리둥절한 일이었다. "할아버지는 천국에 계신단다", "엄마는 하늘에서 너를 보고 계신단다', "네 동생은 천사가 되었단다"와 같은 언어 표현은 누군가가 죽었을 때 아이들에게 말해 줄 적절한 표현이라고 이미 널리 소개되고 있다. 그리고 지금도 여전히 모범적인 표현의 사례로 사용되고 있다. 아이들이 죽음을 이해하지 못한다거나 슬퍼할 술 모른다는 어른들의 이런 생각은 아이들이 죽음을 알지 못하게 감추어 죽음을 직접 겪어야 할 때 훨씬 더 어려운 것으로 만들어 버렸다. 병원에서부터 죽음이라는 단어를 더는 사용하지 않게 되면서, '죽음'은 사용되어서는 안 되는 금기어가 되었고 마치 나쁜 행동을 하면 받아야 하는 처벌처럼 여겨졌다.

엘리자베스 퀴블러 로스도 어린아이들조차 이처럼 죽음이라는 것을 자연스럽게 직간접적으로 경험하면서 미약한 수준에서나마 죽음을 삶의 일부로 여기면서 서서히 죽음에 대비할 수 있게 될 뿐만 아니라 이런 경험을 통해 성장하고 성숙해질 수 있다고 말합니다. 즉 죽음이라는 것이 어린아이들에게도 결코 '감당하기 벅찬' 경험이 아니며, 따라서 예를 들어 형제자매를 잃은 아이에게 '하느님이 너무 사랑하셔서 하늘나라로 일찍 데려가셨다'라는 식의 설명은 결코 현명한 방법이 아니라는 것입니다. 누군가를 상실한 어린아이에게 이런 식으로 죽음을 설명하다 보면 어쩌면 위로는커녕 하느님에 대한 분노만 키우거나 자기 가족 중에서 누군가를 잃게 되면 심각한 우울증에 빠질 수도 있음을 주의해야 합니다.

《아이와 함께 나누는 죽음에 관한 이야기》의 저자 얼 그롤

만은 "아이가 죽음에 관하여 어떤 교육을 받느냐가 아니라 그들이 받는 교육이 그들에게 얼마나 도움이나 안식을 줄 수 있는가"라고 하면서 "죽음의 문제를 다루는 다양한 방식 가운데 실패할 수밖에 없는 가장 확실한 방식은 죽음을 무시하는 것"이라고 역설적으로 말합니다. 그는 사랑하는 사람을 죽음으로 잃은 아이를 돕고자 하는 사려 깊은 부모에게 주는 '십계명'을 다음과 같이 정리했습니다.

첫째, '죽음'이라는 단어를 금기시하지 마십시오. 집이나 학교, 교회를 비롯한 어떠한 모임에서도 공공연히 죽음에 관하여 이야기할 수 있도록 하십시오. 아이가 죽음에 관한 교육을 받는다는 것은 그리 중요하지 않습니다. 더욱 중요한 것은 지금 받는 교육이 얼마만큼 아이에게 도움이 되고 편안함을 줄 수 있느냐 하는 것입니다. 죽음을 이해한다는 것은 어린 시절에서 노년기에 이르기까지 끊임없이 계속되는 삶의 긴 여정입니다. 죽음에 관한 교육은 바로 삶이 시작되는 그때 시작됩니다.

둘째, 어떤 나이의 사람이든 죽음을 애도하거나 슬퍼할 수 있다는 것을 이해하십시오. 아이도 역시 사람입니다. 슬픔이 지금 그들과 함께 있는지도 모릅니다. 아이가 느끼는 고통은 무감각, 부정, 분노, 당황, 실체적인 질병 등의 형태로 나타나게 됩니다. 완만하고 평범한, 때로는 굴곡되는 상실과 슬픔의 여정이 바로 여기에 있습니다.

셋째, 아이가 자신의 감정을 드러내는 것을 허락하십시오. … 진정으로 아이에게 해가 되는 것은 이처럼 정당한 감정을 표현하도록 하는 것이 아니라 그러한 감정을 억압하는 것입니다.

넷째, 자녀의 학교에 연락을 취하여, 가족 구성원인 누군가를 잃었다는 사실을 알려주십시오. … 아이가 겪는 문제를 공유하게 되면 선생님과 아이 간에 긴밀한 유대가 형성되고, 결과적으로 아이가 무거운 짐에서 벗어나는 데 도움이 될 것입니다.

다섯째, 당신의 자녀가 겪고 있는 위기를 다루기 어렵다면, 주위에 도움을 요청하십시오. … 성직자나 아동지도클리닉 혹은 심리치료사에게 도움을 구하는 것은 결코 약함을 인정하는 행위가 아니며, 그것은 자식에 대한 사랑과 각별한 보호를 보여주는 행동입니다.

여섯째, 아이에게 이제는 네가 이 집의 어른이 되는 거라고 하거나 죽은 형제를 대신하는 거라고 이야기하지 마십시오. '널 보면 누구누구 생각이 많이 나는구나.'라는 말은 절대 하지 마십시오. 당신의 아이를 누군가의 대용물처럼 다루지 마십시오. … 아이는 사랑하는 사람을 잃었다는 사실만으로도 무척 힘들 겁니다. 아이에게서 그들의 유년 시절을 빼앗지 마십시오.

일곱째, 죽음에 관한 비밀을 설명하기 위해 동화나 이야기의 힘을 빌리지 마십시오. 언젠가는 부인해야만 하는 허구나 혼란스러운 해석으로 진실을 가리지 마십시오. … 아이는 자신이 필요로 하는 어머니를 빼앗아가 버린 하느님에 대해 깊은 적대감을 키우게 될 겁니다. 건전하지 못한 설명은 두려움과 의구심 그리고 죄책감을 만들어 낼 뿐만 아니라 현실과 전혀 동떨어진 환상에 젖게 만듭니다. 아이가 정말로 필요하고 원하는 것은 다름 아닌 신뢰와 진실입니다.

여덟째, 자녀가 당신이 최종 답안을 가지고 있다고 믿게 하지 마십시오. 아이가 의심하고 질문하며 견해차를 드러낼 수 있도록 여지를 남겨 두십시오. '내가 죽음에 관해 모든 것을 알고 있지 않다는 사실에 놀랐니? 그렇지 않아. 우린 함께 죽음에 관해 이야기할 필요가 있어. 우리는 서로 도와야만 해.'라고 이야기함으로써 어른은 성숙함을 보여줄 수 있습니다. 아이를 하나의 인격으로 존중해주십시오. 왜냐하면, 결국 삶과 죽음에 관한 문제를 그들 스스로 풀어나가야 하기 때문입니다.

아홉째, 슬픈 감정을 드러내는 것을 두려워하지 마십시오. 만약 당신의 감정을 억누른다면, 아이는 감정을 더욱더 자제하게 될 것입니다. 아이는 자신의 슬픈 감정을 어떻게 표현해야 할지 어른에게 허락받습니다. 아이는 슬픔이나 절망은 참을 수 있지만, 부모를 속이거나 배반하는 것은 참을 수 없습니다. 슬퍼한다는 사실을 드러낼 수 있게 하고, 두려워하거나 당황하지 않고 슬퍼할 수 있도록 한다면 어른이나 아이가 죽음의 당위성과 고통을 받아들이는 데 큰 도움을 줄 것입니다.

열째, 자녀가 부모에게 끊임없는 사랑과 지지를 받고 있다는 확신을 하게 하십시오. 부모가 자식에게 줄 수 있는 가장 커다란 선물은 바로 그들 자신입니다. 부모의 보살핌과 지속적인 관심이야말로 회복을 촉진하는 데 있어서 헤아릴 수 없는 가치를 지닙니다. 항상 그들의 말에 귀 기울이도록 노력하십시오. 아이에게 필요한 것은 말을 듣는 것보다 말을 하는 것입니다. 아이는 감정을 한없이 쏟아낼 필요가 있습니다.

죽음의 슬픈 순간이 아니라, 고인과 나누었던 가장 행복했던 시간을 회상하게 하십시오. 하나의 중요한 관계를 상실했다는 것이 곧 다른 사람을 상실했다는 의미가 아니라는 사실과, 또 누군가를 잃었다는 것이 반드시 당신을 포함한 가족 구성원 모두의 상실을 의미하지는 않는다는 사실을 아이에게 상기시키십시오.

말로 안 될 때는, 행동으로 하십시오. 몸가짐이나 자세가 몇 마디 말보다 더 중요할 때도 있습니다. 사랑과 지지의 신체적 표현이 슬픔에 빠진 아이에게 가장 큰 선물이 될 수 있습니다. 당신은 이별이라는 길고 힘든 여정 속에서, 사랑하고 관심을 기울이며 이해하는 데 있어서 아이의 능력이 한 차원 높게 향상돼있음을 발견하게 될 것입니다. 진실로 나를 불문하고 모든 사람에게 …

치유는 과정이며,

회복은 선택입니다!

한국 사회는 죽음 혹은 상실에서 비롯된 감정을 제대로 경험하고 표현하는 데 있어서 참 서툰 것 같습니다. 그런데 슬픈 감정을 표현하지 못하고 다른 사람과 나누지 못하면 그 슬픔은 가슴속 깊이 가라앉아 침전된 채 곪아서 여러 가지 다른 문제를 일으키기 때문에 죽음을 주제로 한 교육은 나이들어서 뿐만 아니라 어릴 때부터 필요한 것입니다.

그런데 일반적으로 통용되는 '죽음 교육', '죽음 대비 교육', '죽음 준비 교육' 등의 용어와 관련해서 한 가지 더 함께 생각해보고 싶은 문제가 있습니다. 한국처럼 '죽음'에 대해서 오해와 편견이 심한 사회에서는 그 취지가 무엇이든 '죽음'이라는 단어가 들어간 교육은 시작도 해보기 전에 심한 거부감과 반대에 부딪힐 가능성이 크기 때문에 가능하다면 대체할 용어를 찾아 쓰면 좋을 것 같은데, '한겨레두레협동조합'이라는 곳을 들어보신 적이 있나요? 여기서는 여러분 모두 여러 차례 경험하셨을 일반적인 상조 서비스를 제공하기도 하지만, 흔히 하는 '삼일장'뿐만 아니라 오로지 고인에게만 집중하는 애도와 위로의 '하루 장례식'인 '채비추모식'이나 '생전 장례식'도 새롭게 기획·운영하고 있으며, 이런 '채비추모식'을 주도하는 '채비플래너' 자격증 과정도 별도로 운영한다는 점에서 다른 상조회사와 차별성을 갖습니다.

'채비플래너'에서 '플래너(planner)'는 비교하기가 좀 그렇긴 하지만, 웨딩플래너가 결혼식에 관한 모든 일을 기획하고 진행하는 것처럼 고인에 대한 추모 의식과 유족이나 지인을 위한 애도 모임을 주관하는 '추모와 애도 행사 및 교육 전문가'를 뜻하고, '채비'는 '먼 길 떠날 채비하다', '여행 갈 채비하다'에서처럼 '미리 준비하다'를 뜻하는 순우리말입니다.

순전히 개인적인 느낌이기는 하지만, 나이듦이나 죽음을 '채비한다'라는 표현은 '죽음 교육'이나 '죽음 준비 교육', '죽음 대비 교육' 등의 용어보다는 거부감이 훨씬 덜 느껴지기 때문에 기존의 용어들에 대한 대안으로 '좋은 죽음 채비 교육'을, 좀 더 구체적이고 정확하게는 '좋은 삶을 위한 죽음 채비 교육'으로 명칭을 바꿔 쓰면 어떨까 하는 생각입니다.

무연하지 않았던
삶에 대하여

그러면 여러분은 죽었을 때 사람들이 어떤 장례식을 치러주면 좋겠다고 생각해보신 적이 있나요? '살아가고 싸우고 견뎌내는 일'을 기록하는 기록노동자 희정은 '죽은 자'가 아니라 '죽은 자를 둘러싼 사람들'을 곁에서 숱하게 보고 간여하면서 죽음과 장례의 의미를 다음과 같이 관찰하고 기록했습니다.

죽음을 뜻하는 한자 '사(死)'는 '부서진 뼈 알(歹)'자와 '사람 인(人)'자를 합쳐 만든 글자이다. 백골이 된 시신 앞에서 사람이 무릎을 꿇고 있는 형상이다. 죽는 이 옆에는 사람이 있다. 혈혈단신으로 살았거나 임종을 지킨 이가 없다고 해도,

결국 마지막엔 사람을 필요로 한다. 최초의 누군가가 주검 위에 흙을 덮은 순간부터 죽음은 1인칭이 아니었다. 죽음만큼 사람을 필요로 하는 일도 없다.

수십만 명의 마음을 저마다 짐작할 순 없다. 내가 알 수 있는 건 단 하나였다. 죽고 싶지 않다는 사람도, 죽고 싶다는 사람도, 다가오는 그 시간 앞에 자신을 대해서만 생각하는 사람은 없었다. 자신이 떠난 후 남겨질 사람, 자신이 떠나도 소식조차 모를 사람, 내 죽음이 폐를 끼칠 사람, 내 장례를 치러 줄 사람, 내 장례식에 올 사람… 인생의 마지막에 떠올리는 건 사람들이었다.

사람들이 말하길, 무연(無緣)의 죽음, 즉 고독사는 있어도 무연의 삶은 없다고들 합니다. 한국 사회에서는 고독사 사례가 빠르게 증가하고 있는데, 그렇다면 이런 현상의 사회적 의미를 어떻게 해석해야 할까요? 앞에서도 잠깐 말씀드렸지만, 인간은 홀로 인간일 수가 없어서 인간을 '人間', 즉 관계적 존재로 씁니다. 그래서 한국 사회에서 고독사, 즉 무연의 죽음이 늘어난다는 것은 살아생전의 다른 사람과의 관계적 삶이 그만큼 빠르게 무너져내리고 있다는 뜻이라고 볼 수 있습니다. 그리고 그 결과로 이론적으로는 무연의 삶은 없으니 무연의 죽음도 없어야 하겠지만, 현실에서는 '장례' 대신 그런 무연의 죽임을 당한 시신을 화장해서 '처리'해버리는 경우가 생겨난 것입니다. 사실 무연의 죽음을 맞이한 사람만큼 자기 시신을 '처리'하지 않고 장례를 치러줄 사람이 절실할 일도 없을 텐데, 이런 모순 혹은 역설을 해결해줄 실마리가 바로 동네, 커뮤니티입니다. "죽음만큼 사람을 필요로 하는 일도 없기" 때문입니다.

문제는 또 있습니다. 굳이 무연의 죽음이 아니더라도 한국 사회는 초고령사회로 이미 진입한 동시에 출생률은 매우 낮아 지금처럼 '삼일장'을 치르고 싶어도 치를 가족이 없거나 유족에게 그렇게 할 여력이 없는 세상이 곧 닥칠 것입니다. 그래서 우리는 지금부터 대안을 모색해야 하는데, 우리가 '커뮤니티 장례식'에 주목해야 할 이유가 바로 여기에 있습니다. 미국 듀크대학병원에서 심장학 전임의로 일하면서 작가로도 활동한 하이더 와라이치는 "마을이 애도할 때 죽음은 낯설지 않았다"라고 했습니다.

죽음이 그저 병원이나 바깥 사회와 격리된 시설에서 일어나는 사건이 아니었던 때가 그리 오래전이 아니다. 누군가 죽음이 임박하면 이웃들은 병문안을 왔고 그 사람이 세상을 떠나면 그를 사랑하는 이들뿐만 아니라 이웃 전체가 애도했다. (…) 모든 사람은 마을에서 죽는다. 그건 예사로운 일이고, 누구나 그 죽음을 안다. (…) 도시의 아파트 단지에서는 벽 하나를 사이에 두고 저편에서 누군가 고독사를 하더라도 당신은 꿈에도 그 사실을 모른다.

커뮤니티 장례식에 담긴 가장 중요한 의미는 무엇보다도 살아생전 이런저런 관계를 맺은 시공간에서 고인을 애도하는 것일 겁니다. 죽은 이가 아무리 가족이나 친족과의 관계가 끊긴 무연의 죽음을 맞이했더라도 무연의 삶은 없는 법이니, 최소한의 인연과 희미한 관계가 묻어 있는 '커뮤니티'에서 무연의 죽음을 애도하는 것은 참으로 의미 있는 일일 뿐만 아니라 '현실적'인 대안이 될 것입니다.

고인이 어떤 사람이었는지에 관한 기억을 함께 나누는 것이 애도입니다. 비록 사람 사이의 관계가 끊어진 무연의 죽음이라고 해도 '동네'는 흐릿해졌을지언정 결코 완전히 '무연하지 않았던 삶'의 이야기를 이웃이 모여 복원해서 회상할 수 있습니다. 사회적 신분에 상관없이, 경제적 부의 수준과 관계없이, 그리고 특히 이런저런 이유로 좋은 삶(well-being)과 좋은 임종(well-dying)을 맞이할 수 없었던 그 누구의 죽음도 무연의 시신이 '처리'되지 않고 인간 존엄의 기본적 품격이 손상되지 않은 좋은 죽음(well-dead)이 될 수 있도록 잘 애도해주는 커뮤니티 장례식, '내가 원하는 장례식'은 바로 이런 모습입니다.

8장

존재가

존재에

이르는 길

우리는 모두 다르지
않다

앞에서 이미 여러 차례 말씀드렸듯이 인간의 본질은 '관계적 존재'이고, 여기서 '관계'의 방향은 다른 사람에게로 뿐만 아니라 자기 자신으로 깊어지고, 다른 생명체로까지 확대된다는 속성을 가집니다. 그리고 이 책 《존재가 존재에 이르는 길》도 바로 이런 관계론적 특성을 반영한 책 제목입니다. 좋은 삶을 위한 교육은 교육공학적인 테크닉이 아니라 가르치는 사람의 삶과 배우는 사람의 삶이 실존적으로 '만날 때' 비로소 실현되는데, '나'라는 존재가 다른 사람이나 다른 생명체라는 존재에 이르는 길(만남)은 물론 자기 자신에 이르는 길(만남) 모두를 품는다는 의미를 책 제목에 담은 것입니다. 세계적인 철학가이자 영적·정신적 스승인 크리슈나무르티는

《마지막 일기》에서 인간 본질로서의 '관계성'을 설명하면서 다음과 같이 스스로 묻고 스스로 대답합니다.

(질문) 당신과 당신의 자아는 인류와 분리된 것일까요? 당신이 당신만의 이름과 육체, 다른 이들과 다른 어떤 성향 또는 재능을 가지고 있다고 해서 자신을 개인이라고 부를 수 있을까요? 한 사람 한 사람이 서로 다르다는 이 개념이 정말 사실일까요? 아니면 허상에 불과한 것일까요? 세상을 각기 다른 공동체와 나라로 구분하는 것이 사실상 미화된 부족주의에 불과한 허상이라는 것처럼 말입니다. … 나 자신이 다른 사람과 따로 떨어진 독립적 존재며, 당신의 뇌가 다른 누구의 것도 아닌 나만의 것으로 생각합니까? 당신의 생각은 이른바 다른 이들의 생각과 다릅니다. 하지만 생각이라는 것은 과연 개별적인 걸까요? 아니면 당신이 과학적으로 입증된 가장 재능 있는 사람인지 또는 가장 무식하고 원시적인 사람인지는 단지 생각에 불과하며, 모든 인류가 똑같은 생각을 공유하는 것일까요?

(대답) 나는 모두 다르다고 생각하지만, 사실 우리는 비슷한 점을 공통으로 가지고 있습니다. 내 슬픔은 다른 사람의 슬

품과 전혀 다를 것이고 나의 외로움과 절망은 다른 사람의 것과 정반대일 것으로 생각합니다. 우리의 전통과 환경은 나는 아랍인이고 당신은 유대인이라고 가르쳐왔습니다. 그리고 이런 분열로부터 개인이라는 개념과 공동의 인종적 차이가 시작되는 것입니다. 공동체 또는 국가, 인종, 종교로 인해 자신의 정체성을 확인하는 사람은 예외 없이 인간 사이의 갈등을 일으킵니다. 자연의 섭리지요. 하지만 우리는 결과에만 관심을 기울일 뿐 이러한 분열과 전쟁의 원인에 대해서는 걱정하지 않습니다. 따라서 당신의 정신이 인류의 깊숙한 일부분이라는 점을 지적하는 것일 뿐 결론짓거나 주장하는 것이 아닙니다. 당신의 반응은 인류의 반응과 다르지 않습니다. 수많은 세월을 거치며 진화해온 당신의 뇌는 비단 당신의 뇌가 아닙니다. 당신은 기독교인으로 길러졌을 수도 있고, 다양한 도그마와 의식을 믿도록 길들여졌을 수도 있습니다. 다른 어떤 사람이 그만의 신을 믿으며 그만의 의식을 따를 수 있는 것처럼 말입니다. 하지만 이 모든 것이 생각의 결과물입니다. 그래서 우리는 정말 독립적인 개인이 존재하는지 의문을 품는 것입니다. 우리는 곧 인류 전체입니다. 우리는 인류의 일부분입니다.

크리슈나무르티가 말하는 관계성은 '우리 모두 서로 다르지만 동시에 서로 비슷한 공통점을 가지고 있다'라는 말로 요약할 수 있겠습니다. 그리고 인간의 정신적·영적 성장이란 상대방의 모습에 비친 나를, 개별성 속에 존재하는 보편성을, 그리고 모든 생명이 서로 연결되어 있음을 깨닫는 인식 수준에 이름을 뜻한다고 생각합니다.

이처럼 인간 존재의 본질이 '관계성'이라고 할 때, 그러면 '인간성 상실'은 어떻게 해석할 수 있을까요? 한마디로 관계성의 손상, 축소 혹은 끊어짐이라고 정의할 수 있을 것 같습니다. 자신에 대한 이해를 다른 사람 혹은 다른 생명체와의 관계로부터 떨어져 나와 이원론적으로 서로 분리된 개체로 환원해서 자아를 이해함으로써 모든 사람은 종적으로는 자기 내적 자아와의 발견에서부터 다른 사람과의 실존적 만남에까지, 그리고 횡적으로는 자연계의 다른 모든 생명체와의 관계에까지 이르는 일원론적 관점에서의 관계에 대한 인식능력을 상실하거나 그런 수준에 이르지 못함을 일컬어 인간성이 상실되었다고 말할 수 있지 않을까요? 그리고 재미로 하는 사냥, 전쟁이나 테러, 살인, 혐오적 시위와 폭력에서부터 자연과 생태를 파괴하는 골프장 건설과 원전 오염수 방류 등에 이르기까지 한국은 물론 전 세계적으로 인간성 상실의 속도와 강도가 빠르게 상승하며 심각해지고 있습니다.

그러면 이런 인간성의 상실 문제를 어떻게 해결할 수 있을까요? 커뮤니티 혹은 마을공동체가 그 해결의 실마리를 제공할 수 있다고 생각합니다. 관계성에 더해 커뮤니티, 마을공동체의 또 다른 특징이 '삶의 다양성'이 실현되는 장소, 공간이라고 할 수 있는데, 문제는 장소, 공간으로서의 마을이나 동네가 물리적으로 조성되어 있다고 해서 주민의 다양한 삶이 자연적으로 실현되는 것은 아니라는 사실입니다. 동네, 마을 주민 각자가 영위하는 삶의 다양성은 처음에는 그저 '실현 가능성'으로 존재할 뿐, 이 잠재된 가능성이 현실로 실현되기 위해서는 주민 각자의 삶이 서로에게 서로의 삶을 지원하고 격려하는 에너지로, 그리고 함께 나누고 기억하는 이야기로 공유될 수 있는 환경이 필요합니다. 동네 혹은 마을을 커뮤니티, 마을공동체로 말할 수 있기 위해서는 이런 환경의 조성이 전제되어야 합니다.

사표(師表)와
사표(死表)

저의 스승께서 정년으로 연구실을 비우면서 제게 두 가지 말씀을 해주셨다고 앞에서 잠깐 언급했는데, 기억하시는지요? 이제 그 두 가지 말씀 중 나머지 하나를 마저 소개하면서 지금까지의 이야기를 마무리하고자 합니다. 선생님께서는 "마음에 스승을 모시고 살라"라는 말씀 후에 탁자에 놓인 종이에 크게 '사표(師表)'라고 쓰셨습니다.

"고군, '사표(師表)'란 글자 그대로 해석하면 다른 사람의 삶에 본(本)이 된다는 뜻인데, 이 말을 스승이 제자에게 어떻게 살아가야 하는지를 보여주는 것으로만 해석해서는 중요한 게 빠진 느낌이네"라고 말씀하신 다음 빨간 색연필로 스승 '사(師)' 글자 위에 크게 'X'자를 긋고 그 위에 '죽을 사(死)'를 없으셨습니다.

"고군, 정년을 앞두고 보니, 삶을 가르치는 사람에게는 말이지, '사표(師表)'는 이렇게 '사표(死表)'로 써야 그 뜻이 온전해지는 게 아닐까 하는 생각이 들었네. 어떻게 살아가는 게 좋은 삶인지를 보여주려면 어떻게 죽음을 맞이해야 하는지도 함께 보여줄 수 있어야 한다는 뜻에서 말이야. 내 나이가 되면 땅에 박힌 작은 돌부리 정도의 소소한 유혹이나 욕심에 걸려 넘어져도 한순간에 공든 탑이 무너지면서 삶이 추해질 수가 있는 법이네. 그러니 좋은 삶의 스승으로 본(本)이 되어야 할 사람은 나이가 들수록 지나온 삶을 돌아보고 성찰하며 가진 것, 성취한 것에 집착하거나 연연해하지 않는 삶을 살려고 최선을 다해야 하네. 노년에 접어들면, 이제 코앞에 와 있는 죽음을 성찰하며 그 죽음에 이르기까지 남은 시간 동안 길을 잃지 않도록 조심, 또 조심하며 살아가는 지혜가 얼마나 중요하고 절실해지던지……."

언제부터인가 남은 생애 동안 꿈이 뭐냐는 질문에 조금의 주저도 없이 '흙으로 돌아가는 길을 잃지 않는 것'이라고 대답하고 있는 저 자신을 보게 됩니다. 대학원 조교 시절에 연구실에서 이 말씀을 해주시던 스승님의 나이에 이르러서 보니, 그때 직접 쓰면서 들려주신 사표(死表)의 교육적·실존적 의미가 대학 강단에서 제가 보낸 세월의 무게만큼이나 무겁고 깊어진 것 같습니다. 그래서 요즘은 매일매일, 순간순간마다 하는 기도가 '살아갈 남은 날들, 흙으로 돌아가는 길을 잃지 않기를!'입니다.

이제, 지금까지의 이야기를 함석헌 선생님의 스승이신 다석 류영모 선생님께서 일기(《다석일지》)에 적으신 말씀으로 마무리짓겠습니다.

나의 말은 죽을 때 필요하고 죽은 뒤에 필요한 말이다. 내 말은 죽음에 관한 말이기 때문이다. 죽음 공부야말로 마지막 공부요 귀중한 공부다.

함께하는
모든 존재에게

나이가 들면서 유영모 선생님께서 해주신 "죽음 공부야말로 마지막 공부요 귀중한 공부"라는 말씀이 갈수록 제 삶에 짙게 스며듭니다. 그리고 여러분 중에 이미 경험하셨거나 앞으로 하시게 될 테지만, '죽음'에 관한 공부를 하다 보면 자연스럽게 '삶'에 대해서도 다시 성찰하는 시간을 갖게 됩니다.

이제 이 책을 마무리하면서, 여러분이 좋은 삶을 위한 죽음 채비 공부를 하실 때 조금이라도 도움이 되면 좋겠다는 바람으로 제가 '죽음'을 공부하면서 메모한 삶과 죽음 관련 글귀 중에서 제 마음에 닿은 몇 구절을 소개합니다. 아울러 〈부록〉에서는 제 삶이 부대낄 때마다 힘을 얻기 위해 읽고 또 읽곤 하는 '유언장' 몇 가지도 덧붙였습니다.

인간으로 존재한다는 것은 완전을 위한 연습이 아니라 불완전을 온 마음을 다해 사랑하는 것을 평생 배우는 것이다.

        – 디르크 그로서, 《삶과 사랑에 빠진 아이처럼》 중에서

삶 전체의 여행은 궁극적으로는 이 순간에 내딛는 발걸음으로 이루어져 있다. 언제나 이 한 걸음만이 존재하며, 이 한 걸음이 가장 중요하다. 목적지에 도착했을 때 무엇을 만나는가는 이 한 걸음의 성질에 달려 있다. 미래가 당신을 위해 준비하고 있는 것은 당신의 지금 의식 상태에 달려 있다.

        – 에크하르트 톨레, 《삶으로 다시 떠오르기》 중에서

페르시아의 신비주의 시인 루미의 시

이 존재, 인간은 여인숙이라
아침마다 새로운 손님이 당도한다.
한 번은 기쁨, 한 번은 좌절, 한 번은 야비함
거기에, 약간의 찰나적 깨달음이
뜻밖의 손님처럼 찾아온다.

그들을 맞아 즐거이 모시라

그것이 그대의 집안을

장롱 하나 남김없이 휩쓸어가버리는

한 무리의 슬픔일지라도.

한 분 한 분을 정성껏 모시라,

그 손님은 뭔가 새로운 기쁨을 주기 위해

그대 내면을 비워주려는 것인지도 모르는 것.

암울한 생각, 부끄러움, 울분, 이 모든 것을

웃음으로 맞아

안으로 모셔들이라.

그 누가 찾아오시든 감사하라.

모두가 그대를 인도하러

저 너머에서 오신 분들이리니.

― 잭 콘필드, 《깨달음 이후 빨랫감》 중에서

이 또한 지나가리라

– 랜터 윌슨 스미스, 《어쩌면 별들이 너의 슬픔을 가져갈지도
                                            몰라+플러스》 중에서

큰 슬픔이 거센 강물처럼

네 삶에 밀려와

마음의 평화를 산산조각 내고

가장 소중한 것들을 네 눈에서 영원히 앗아갈 때면

네 가슴에 대고 말하라

"이 또한 지나가리라."

끝없이 힘든 일들이

네 감사의 노래를 멈추게 하고

기도하기에도 너무 지칠 때면

이 진실의 말로 하여금

네 마음에서 슬픔을 사라지게 하고

힘겨운 하루의 무거운 짐을 벗어나게 하라

"이 또한 지나가리라."

행운이 너에게 미소 짓고

하루하루가 환희와 기쁨으로 가득 차
근심 걱정 없는 날들이 스쳐갈 때면
세속의 기쁨에 젖어 안식하지 않도록
이 말을 깊이 생각하고 가슴에 품어라
"이 또한 지나가리라."

너의 진실한 노력이 명예와 영광
그리고 지상의 모든 귀한 것들을
네게 가져와 웃음을 선사할 때면
인생에서 가장 오래 지속된 일도, 가장 웅대한 일도
지상에서 잠깐 스쳐가는 한순간에 불과함을 기억하라
"이 또한 지나가리라."

삶이 올바를 때에는 굳이 아름다움을 찾을 필요가 없다
                    – 윌리엄 코퍼스웨이트, 《깨달음 이후 빨랫감》 중에서

주여, 우리에게 각자 알맞은 죽음을 허락하소서.
당신의 사랑과 뜻과 절망이 있는 삶으로부터 죽음이 나올

수 있게 도와주소서!

- 릴케의 시; 셔윈 눌랜드, 《깨달음 이후 빨랫감》 중에서

아무것도 없다면 진정으로 얻게 될 거대한 평안 속에서 쉬면 되고, 다른 무언가가 있다고 한다면 영혼이 다시 새롭게 살아나가면 될 것이다.

- 알베르트 키츨러, 《나를 살리는 철학》 중에서

도대체 죽음이란 무엇일까요? 전생의 수많은 삶에서 수백 번 죽고 또다시 태어나는 게 무슨 의미가 있을까요? 저는 사람들의 전생을 읽는 사람으로서 '인간의 죽음은 우리가 가진 업을 정화하는 의미'를 담고 있다고 생각합니다. 한 생을 살 때마다 자신의 삶을 더욱 성숙하게 하고, 한 생을 거칠 때마다 자신의 삶을 더욱 새롭고 거듭나게 하는 것입니다. 어쩌면 그것은 '곤충의 허물벗기'나 마찬가지일지도 모릅니다. 죽을 때마다 자꾸 새로워지고 삶이 점점 완성되어가는 것입니다.

- 박진여, 《나를 살리는 철학》 중에서

숨을 거둘 날이 오면, 그날이 언제든 저더러 싸우라 하지 말아주세요.

오히려 제가 다 내려놓을 수 있도록 어떻게든 도와주길 바랍니다. 제 곁을 지키며 다 괜찮을 거라고 말해주세요. 우리가 감사해야 할 것들을 다 기억할 수 있게 도와주세요.

때가 됐을 때 제가 늘 원했던 끝이 어떤 것인지 기억할 수 있도록 당신의 열린 손바닥을 보여주세요.

　　– 비욘 나티코 린데블라드, 《내가 틀릴 수도 있습니다》 중에서

의료 조력 사망은 누군가의 삶을 앗아가는 것이다. 그러나 그전에 먼저 그들에게 삶을 돌려주는 것으로 시작한다.

　　　　　　　　– 진 마모레오·조해나 슈넬러,

　　　　　　《기꺼이 나의 죽음에 동의합니다》 중에서

살아 있는 것은 다 아름답다

　　　　– 신경림, 《살아 있는 것은 아름답다》 중에서

붉은 노을 동무해 지는 해가 아름답다.

아직 살아 있어, 오직 살아 있어 아름답다.

머지않아 가마득히 사라질 것이어서 더 아름답다.

살아 있는 것은 다 아름답다.

권정생 선생님의 두 번째 유언장(2007년 3월 31일 오후 6시 10분 작성)

– 김영현, 《죽음에 관한 유쾌한 명상》 중에서

신부님. 마지막 글입니다. 제가 숨이 지거든 각각 적어 놓은 대로 부탁드립니다. 제 시체는 아랫마을 이 군에게 맡겨주십시오. 화장해서 뒷산에 뿌려달라고 해주십시오. 지금 너무 고통스럽습니다. 3월 12일부터 갑자기 콩팥에서 피가 쏟아져 나왔습니다. 뭉툭한 송곳으로 찌르는 듯한 통증이 계속되었습니다. 지난달에도 가끔 피고름이 쏟아지고 늘 고통스러웠지만 그것도 마음대로 안 됩니다. 모두한테 미안하고 죄송합니다. 하느님께 기도해주세요. 제발 이 세상 너무도 아름다운 세상에 사람이 사람을 죽이는 일은 없게 해달라고요.

제 예금통장 다 정리되면 나머지는 북쪽 굶주리는 아이들에게 보내주세요. 제발 그만 싸우고, 그만 미워하고 따뜻하게 통일이 되어 함께 살도록 해주십시오. 중동, 아프리카, 그리고 티베트 아이들은 앞으로 어떻게 하지요. 기도 많이 해주세요. 안녕히 계십시오.

이토 히로부미를 사살하고 사형 선고를 받은 안중근 의사에게 보낸 어머니 편지

– 김태형, 《죽음에 관한 유쾌한 명상》 중에서

네가 만약 늙은 어미보다 먼저 죽는 것을 불효라 생각한다면
이 어미가 웃음거리가 될 것이다.
너의 죽음은 너 한 사람 것이 아니라 조선인 전체의 공분을 짊어
지고 있는 것이다.
네가 항소를 한다면 그것은 일제에 목숨을 구걸하는 것이다.
네가 나라를 위해 이에 이른즉,
딴맘 먹지 말고 죽으라.
옳은 일을 하고 받은 형이니 비겁하게 삶을 구하지 말고
떳떳하게 죽은 것이 이 어미에 대한 효도이다.
아마도 이 편지가 이 어미가 너에게 쓰는 마지막 편지가 될 것이
다.
여기에 너의 수의를 지어 보내니 이 옷을 입고 잘 가거라.
어미는 현세에서 너와 재회를 기대치 않으니
다음 세상에는 반드시 선량한 천부의 아들이 되어 이 세상에 나
오너라.

광주에 사는 한 78세 노모(老母)가 3남 1녀 자식들에게 남긴 유서

- 뉴시스, 2017년 12월 27일

자네들이 내 자식이었음이 고마웠네.

자네들이 나를 돌보아줌이 고마웠네.

자네들이 세상에 태어나 나를 어미라 불러주고,

젖 물려 배부르면 나를 바라본 눈길에 참 행복했다네….

지아비 잃어 세상 무너져,

험한 세상 속을 버틸 수 있게 해줌도 자네들이었네.

병들어 하느님 부르실 때,

곱게 갈 수 있게 곁에 있어 줘서 참말로 고맙네….

자네들이 있어서 잘 살았네.

자네들이 있어서 열심히 살았네….

딸아이야 맏며느리, 맏딸 노릇 버거웠지?

큰애야… 맏이 노릇 하느라 힘들었지?

둘째야… 일찍 어미 곁 떠나 홀로 서느라 힘들었지?

막내야… 어미젖이 시원치 않음에도 공부하느라 힘들었지?

고맙다, 사랑한다, 그리고 다음에 만나자.

- 2017년 12월 엄마가

(※ 난소암으로 1년가량 투병하다가 2017년 12월 중순 세상을 떠난 78
세 나 모씨 유서)

가수 신해철의 아내를 향한 유언

– 문유석, 《죽음에 관한 유쾌한 명상》 중에서

(누군가에게는 아이돌 가수의 원조로, 누군가에게는 경계를 넘나드는 로커로, 누군가에게는 소신 있는 소셜테이너로, 또 누군가에게는 개인주의자, 자유주의자로 기억되는, 참으로 여러 모습을 가진 가수 신해철이 실제로 그렇게 믿었을지 알 수 없는 천국에서의 명복을 빌기보다는 아내를 향한 그의 절절한 유언)

"No hell below us, above us only sky."

"당신의 아들이어도 좋고,
엄마 오빠 강아지 그 무엇으로도 다시 인연을 이어가고 싶지만,
만일 내가 택할 수 있는 게 주어지고
우리가 윤회를 통해 다음 생에 인연을 이어가게 된다면
나는 다시 한번 당신의 남자친구가 되고 싶고,
다시 한번 당신의 남편이 되고 싶다."

하루 24시간을 100세 인생으로 치환해서 오전 9시에 생을 마감하는 시한부 인생을 산 사람의 미리 쓴 유언장

— 신민경, 《새벽 4시, 살고 싶은 시간》 중에서

나의 소중한 당신, 그러나 내 장례식엔 못 올 가능성이 큰 당신에게

타고난 능력이 뛰어나지 않아서
숙제를 잘하고 떠나지는 못하지만,
이생에서 제가 배워야 했던 것을 배우고
다음 목적지로 갑니다.

이 글을 볼 당신에게 진심으로 미안했고,
당신을 깊이 사랑했으며, 당신을 남김없이 용서했습니다.
고마웠다고, 모두에게 눈물로 전하고 싶습니다.

저는 자유가 되어 훌훌 떠납니다.
그러니, 웃으며 보내주시길 바랍니다.
언젠가 때가 되면 천국에서,
혹은 다음 생애나 그 어디에서든

다시 만나고 싶습니다.

부디 건강하게 잘 살아주기를.
내가 당신 덕분에 웃으며 살았다는 걸 기억해주기를.
어디에 있든 당신을 응원하고 있다는 걸 의심하지 말기를.

나의 장례가 슬픔과 눈물이 아니라,
앞으로 당신의 건강한 삶을 위해
어떻게 살 것인지에 대한 각오와 유머로
가득 채워지길 바랍니다.

신께 드리는 당부의 말씀

– 신민경, 《새벽 4시, 살고 싶은 시간》 중에서

그동안 감사했습니다.
알고 있어요. 저를 축복하신 것을.
당신을 욕한 저를 사랑하시다니.
정말 감사합니다. 오만했어요. 용서하세요.

태어난 이래 늘 여기저기 아팠지만
어떤 순간에도 포기하지 않은 부모를 주셔서 감사합니다.
많은 것을 내게 양보하면서도
항상 저를 보듬어주는 동생을 주셔서 감사합니다.

아, 우리 봄이!
저를 웃게 하는 아기를 만나
많이 웃고 떠날 수 있게 하신 것도 감사합니다.

저를 진심으로 사랑해 준 이들을 주셔서 감사합니다.
힘들고 지칠 때, 도움이 필요하다고 말씀드릴 때마다
꼭 한 명씩은 보내주셨던 거, 다 기억합니다.

준비되었냐고 물으신다면,

커피를 좋아하는 아빠를 위해 커피 머신을 사드렸고,
롱패딩이랑 후리스 잠옷, 장갑도 사드렸어요.
평소 추위를 많이 타는 엄마
새벽에 앉은 변기가 너무 차가울까 봐 비데를 달았고,
샤워할 때 추울까 봐 할로겐램프도 달았어요.
거실에서 쓸 수 있는 작은 전기 히터도 마련했고.
창문 틈으로 들어올 바람이 걱정돼서
뽁뽁이랑 문풍지도 준비했어요.

전 이제 준비가 된 것 같아요.
너무 많이 아프거든요.

최선을 다해 살아 있으려고 노력했던 것, 기억해주세요.
가장 소외된 이들을 위해 살려고 노력했던 것,
기억해주세요.

제게 남은 축복이 있다면
잠 속에서 두려움 없이 편안히 떠날 수 있게 해주세요.

부디 제 마지막이 너무 엉망이지 않게,
존엄 속에서 떠날 수 있게 해주세요.
제 죽음이 다른 이들에게 상처나 트라우마가 아니라
더 나은 내일을 위한 밑거름이 되도록 도와주세요.

그래도 혹시 가능하다면,
건강하게 살아볼 기회를 딱 한 번만 더 주세요.
좋은 어른이 될게요.

낙타(신경림 시)

– 이호, 《살아 있는 자들을 위한 죽음 수업》 중에서

낙타를 타고 가리라, 저승길은

별과 달과 해와

모래밖에 본 일이 없는 낙타를 타고.

세상사 물으면 짐짓, 아무것도 못 본 체

손 저어 대답하면서,

슬픔도 아픔도 까맣게 잊었다는 듯.

누군가 있어 다시 세상에 나가란다면

낙타가 되어 가겠다 대답하리라.

별과 달과 해와

모래만 보고 살다가,

돌아올 때는 세상에서 가장

어리석은 사람 하나 등에 업고 오겠노라고.

무슨 재미로 세상을 살았는지도 모르는

가장 가엾은 사람 하나 골라

길동무 되어서.

프란치스코 교황의 마지막 편지

– 〈이 세상에 내 것은 하나도 없다〉(프란치스코 교황 어록 중에서)

이 세상의 모든
사랑하는 자녀들에게,

나는 오늘, 이 삶을 지나가는 사람으로서
작은 고백 하나 남기고자 합니다.

매일 세수하고, 단장하고,
거울 앞에 서며 살아왔습니다.
그 모습이 '나'라고 믿었지만,
돌아보니 그것은 잠시 머무는 옷에 불과했습니다.

우리는 이 몸을 위해
시간과 돈, 애정과 열정을 쏟아붓습니다.
아름다워지기를,
늙지 않기를,
병들지 않기를,
그리고… 죽지 않기를 바라며 말이죠.

하지만 결국,
몸은 내 바람과 상관없이
살이 찌고, 병들고, 늙고,
기억도 스르르 빠져나가며
조용히 나에게서 멀어집니다.

이 세상에,
진정으로 '내 것'이라
부를 수 있는 것은
하나도 없습니다.

사랑하는 사람들도,
자식도, 친구도,
심지어 이 몸뚱이조차
잠시 머물렀다 가는
인연일 뿐입니다.

모든 것은
구름처럼 머물다 스치는 인연입니다.
미운 인연도, 고운 인연도

나에게 주어진 삶의 몫이었습니다.

그러니,
피할 수 없다면 품어주십시오.
누가 해야 할 일이라면
'내가 먼저' 하겠다는 마음으로 나서십시오.
억지로가 아니라, 기쁜 마음으로요.

해야 할 일이 있다면
미루지 말고 오늘, 지금 하십시오.
당신 앞에 있는 사람에게
당신의 온 마음을 쏟아주십시오.

울면 해결될까요?
짜증 내면 나아질까요?
싸우면 이길까요?

이 세상의 일들은
저마다의 순리로 흐릅니다.
우리가 할 일은 그 흐름 안에서

조금의 여백을 내어주는 일입니다.

조금의 양보,
조금의 배려,
조금의 덜 가짐이
누군가에게는 따뜻한 숨구멍이 됩니다.
그리고 그 따뜻함은
세상을 다시 품게 하는 온기가 됩니다.

이제 나는 떠날 준비를 하며,
이 말 한마디를 남기고 싶습니다.

"정말, 고맙습니다."

내 삶에 스쳐간 모든 사람들,
모든 인연들,
그리고 이 아름다운 세상에.

"나와 인연을 맺었던 모든 사람이
정말 눈물겹도록 고맙습니다."

가만히 돌아보면,

이 삶은 감사함으로

가득 찬

기적 같은 여정이었습니다.

언제나 당신의 삶에도

그런 조용한 기적이 머물기를 바라며

이 편지를 마칩니다.

(※ 프란치스코 교황: 본명 호르헤 마리오 베르고글리오, 1936년 12월

17일~2025년 4월 21일)

● 참고문헌

_____ 국내 저서

강윤중 외, 《이상한 나라의 학교》, 글항아리, 2020.

건양대학교 웰다잉 융합연구회, 《지혜로운 삶을 위한 웰다잉》, 구름서재, 2016.

김영현, 《죽음에 관한 유쾌한 명상》, 시간여행, 2015.

김용택, 《어쩌면 별들이 너의 슬픔을 가져갈지도 몰라+플러스》, 위즈덤하우스, 2016.

김태형, 《싸우는 심리학》, 서해문집, 2022.

김훈, 《바다의 기별》, 생각의나무, 2008.

문동환, 《예수냐 바울이냐》, 삼인, 2015.

문유석, 《개인주의자 선언》, 문학동네, 2015.

박중언, 《노후 수업》, 한겨레출판, 2021.

박진여, 《당신의 질문에 전생은 이렇게 대답합니다》, 김영사, 2020.

법륜, 《법륜 스님의 행복》, 나무의마음, 2016.

법정, 《한 사람은 모두를 모두는 한 사람을》, 문학의숲, 2009.

신경림, 《살아 있는 것은 아름답다》, 창비, 2025.

신민경, 《새벽 4시, 살고 싶은 시간》, 책구름, 2021.

이오덕, 《내가 무슨 선생 노릇을 했다고》, 삼인, 2005.

이호, 《살아 있는 자들을 위한 죽음 수업》, 웅진지식하우스, 2024.

최은주, 《죽음, 지속의 사라짐》, 은행나무, 2014.

최준식, 《너무 늦기 전에 들어야 할 죽음학 강의》, 김영사, 2014.

홍세화, 《결 : 거칢에 대하여》, 한겨레출판, 2020.

희정, 《죽은 다음》, 한겨레출판, 2025.

_____ 번역서

강상중, 노수경 옮김, 《마음의 힘》, 사계절, 2015.

나카지마 요시미치, 이수경 옮김, 《인생 반(半) 내려놓기》, 21세기북스, 2013.

디르크 그로서, 추미란 옮김, 《삶과 사랑에 빠진 아이처럼》, 샨티, 2023.

딘 리클스, 허윤정 옮김, 《인생의 짧음에 관하여》, 을유문화사, 2024.

로르 아들레르, 백선희 옮김, 《노년 끌어안기》, 마음산책, 2022.

리베카 솔닛, 김현우 옮김, 《멀고도 가까운》, 반비, 2016.

벨 훅스, 양지하 옮김, 《사랑은 사치일까?》, 현실문화, 2015.

비욘 나티코 린데블라드, 박미경 옮김, 《내가 틀릴 수도 있습니다》, 다산초당, 2022.

빅터 프랭클, 정순희 옮김, 《죽음의 수용소에서》, 제일출판사, 1984.

빅토르 프랭클, 남기호 옮김, 《삶의 물음에 '예'라고 대답하라》, 산해, 2009.

셔윈 눌랜드, 명희진 옮김, 《사람은 어떻게 죽음을 맞이하는가》, 세종, 2003.

슈테판 츠바이크, 배명자 옮김, 《어두울 때야 보이는 것들이 있다》, 다산초당, 2024.

알베르트 키츨러, 최지수 옮김, 《나를 살리는 철학》, 클레이하우스, 2021.

알폰스 데켄, 길태영 옮김, 《잘 살고 잘 웃고 좋은 죽음과 만나다》, 예감, 2017.

알폰스 디켄, 전성곤 옮김, 《인문학으로서의 죽음교육》, 인간사랑, 2008.

앨런 코커릴, 함영기 옮김, 《바실리 수호믈린스키 아이들은 한 명 한 명 빛나야 한다》, 한울림, 2019.

얼 그롤만, 정경숙·신종섭 옮김, 《아이와 함께 나누는 죽음에 관한 이야기》, 학지사, 2008.

에크하르트 톨레, 류시화 옮김, 《삶으로 다시 떠오르기》, 연금술사, 2013.

우치다 타츠루, 박동섭 옮김, 《완벽하지 않을 용기》, 에듀니티, 2020.

윌리엄 코퍼스웨이트, 이한중 옮김, 《핸드메이드 라이프》, 돌베개, 2004.

잭 콘필드, 이균형 옮김, 《깨달음 이후 빨랫감》, 한문화멀티미디어, 2006.

제시카 조엘 알렉산더, 고병헌 옮김, 《행복을 배우는 덴마크 학교 이야기 II》, 생각정원, 2019.

지두 크리슈나무르티, 김은지 옮김, 《크리슈나무르티의 마지막 일기》, 청어람미디어, 2013.

진 마모레오·조해나 슈넬러, 김희정 옮김, 《기꺼이 나의 죽음에 동의합니다》, 위즈덤하우스, 2024.

페스탈로치, 김정환 옮김, 《숨은이의 저녁노을》, 박영사, 2000.

하이더 와라이치, 홍지수 옮김, 《죽는 게 두렵지 않다면 거짓말이겠지만》, 부키, 2018.